光影婆娑间，一场触及灵魂的修行。

独冠天下

Du Guan Tian Xia

山西·晋城玉皇庙二十八星宿

侯楠山　徐向阳／著

南山供秀／出品

山西出版传媒集团　三晋出版社

题字

金申

中国艺术研究院美术研究所研究员
中国美术家协会会员
古代佛教美术史及佛教文物鉴定专家
中央电视台《寻宝》节目点评专家

1949年出生于北京，回族，毕业于内蒙古师范大学美术系。1968年在内蒙古上山下乡，之后在日本东京艺术大学研究佛教美术多年。一直从事佛教美术考古及文物鉴定，为中外大专院校和文博单位授课，桃李天下。文物著述三十余种，在学术界有一定影响。擅画达摩类佛画，对草原人马有深入体会，画风刚健，独树一帜，在美术圈及艺术市场颇受好评。

她们历经岁月沉浮，静默如迷。

目录

Contents

代序

于乡野照耀山河的神芒

让我一直犹豫不能落笔的，或许是因为山西，我的半生半乡之地；或许是因为楠山，这半亲半朋的老友。近乡情怯，当山西大地像一片玄幻的天空之城，以数百年的沉默裹挟着斑斓跫音出现在人们的脑海中时，交织着古建、壁画与造像的丰富基因在人群共有的记忆中纷至沓来。这记忆葳蕤蓬勃，具备了自己生发的力量，它们像有生命的植物，根须密布地贴牢了这片黄土高原，却同时向上生长，扎根在每一个山西人和曾经深入山西秘境的人的心里。这样紧密的连结，犹如深沉的乡愁，肆意而煎熬。

历史上的山西，农耕与游牧交汇、华夏与四夷融合，这苍凉高原的上空，语言腔调南北，过客往来西东。1500年前的云冈石窟中，地中海的繁花开遍各处，而同期的鎏金狩猎银盘却是波斯萨珊王朝金银器的充分表现；北齐娄睿墓壁画、隋代虞弘墓汉白玉石椁……则透露出不远万里的西溯——那些刀錾或金鎏在恢宏又漫长的时代和空间的阻隔中，每每跳脱出来，令人在涕泗或莞尔中识得故乡。山西地势受山河阻隔，久居其中的父老相信山河悬日月，地厚载山河。当地民众对于佛家、道家、天神、地神、人神的崇拜有着深厚的传统。加之气候干燥少雨、木材和泥土唾手可得，使这片土地祭祀场所星罗棋布、造像设坛栉比成风。

董波2006年博士学位论文《论8—18世纪伊斯兰文化对中国设计艺术的影响》中提到，山西首先值得一提的是北朝六镇，异于中原文化的主要来自于西域的文明要素累积于长城北侧，相当于堰塞湖的“累积地”的核心，集中于河套东北侧，大致相当于今天内蒙古乌兰察布市一带。历史上，这正是西域文明要素进入中原最隐秘、也是最重要的通道，其意义甚至超越河西走廊。经历了长城以北各族的初步消化，它更易融入中国文化传统的深层结构。这也解释了为什么恰恰唯有山西这片土地才能生长出如此令人惊诧的雕塑表现，这与山西的独特位置以及其与域外文化和中原文明的关系密不可分。

依我看来，艺术总不外是历史和地理乃至战争或和平之下的生态产物，是彼时思想的外化、技术的表达，是以没有哪一件艺术品能超越时代和地缘。不妨先看向身处海洋文明的古希腊人，他们的生产形式主要表现为贸易往来，这一形式呼唤的似是一种公正、平等和多元的精神，是而希腊人以自己的形象塑造了神，并将“本我”的爱恨情仇加诸诸神。他们与神明平起平坐、彼此嘲哂，却塑造了具有无以伦比生命力的古典主义艺术模本。

在中国，人们则以“超我”塑造诸神。农耕文明的集体意识使中国艺术从始至终都忽略“个体”印记，由书画至雕塑，“人”只是大山大水的书画里渔樵耕读的符号。地处农耕文明的中国人，视天地，甚至风云雷电为左右收成的神祇，这使得他们的雕塑对象通常是神通广大、高高在上的神，于性于命、举头三尺的大小神明总能凌驾在含辛茹苦的人类之上，不论是佛家，还是道家，亦或地方神祇。宋代后，儒、释、道三家在文献上合一，形象与技法上都有创新，但造型表现上却出现了两极分化的趋势，以灵岩寺罗汉为例，一种侧重儒家面貌的写实融合进愈加刻板的佛道祖师形象，一直绵延至明代。另一种是侧重于民间化的、本质上反宗教的人文主义出现在人们的视野中，比如大足石刻中那些犯了罪

王般若

巴基斯坦拉合尔教育大学佛教艺术遗产学博士、研究生导师。佛教艺术史学者，研究方向为佛教美术的希腊化溯源。

的、柔美端庄的农家女子，再比如，山西晋东南灿若繁星的府城玉皇庙二十八星宿。山西晋城的府城玉皇庙二十八星宿在初见时所带给我的视觉冲击、连同某种疑窦从生经年盘桓，挥之不去。而楠山邀请我为他的新书作序，或许正是一次打开自己心中疑问的好时机。

在李零《战国秦汉方术派考》中，殷周以来与“天”有关的方术，直至春秋战国时期都极为活跃，并深入一般社会生活之中。天文历算、龟卜筮占或者风角五音等等中国初民的科学雏形成为人类根据自然趋吉避凶的一种方式。曾侯乙墓棺椁漆箱的青龙白虎二十八星宿图表明，最迟在公元前五世纪初，中国就有了完整的二十八宿体系。而公元前433年五月初三黄昏时的天象，就这样永恒地留在了中国人的眼目之中。

二十八星宿天象图早期被列入道教神仙中，唐之后的星宿崇拜甚至将“星宿海”添加在佛教《炽盛光佛会》中，元明时期这类题材逐渐增多，李淞在《元明时期的炽盛光佛绘塑作品》中提到，在炽盛光佛构图中，诸星列宿的图像志有着印度、希腊、巴比伦、西夏等多种文化印记……

早期的中国雕塑强调塑造轮廓，以及整体的动势和造型，内部的结构和光影的层次感是次要考虑的内容。因此，古代中国的雕刻更强调线刻和平雕。相比较之下，从印度到欧洲，一开始就传达着雕塑的立体效果，雕塑的光影明暗在造像中始终被摆放在一个突出的位置上。府城玉皇庙的雕塑虽然切近某些西方的写实化表达，但仍然是一种概念化的写实，如果你了解他们中的每一个，就会读出，概念化写实之下，星宿们不仅展现了他们各自的面貌，还包括属于个体的精神。是以当我们将目光一寸寸滑过这二十八尊酣畅恣意，衣袂临风的雕塑时，情感则是惶惑而复杂的。直到将上述综合历史与地貌、彼时社会与人的因素全部考量进去，我们似乎可以顺理成章地理解了这二十八位神仙的创作者以及他们所处的时代、所历的风霜——悠远历史天空哺育下的文明交融，早已跨越大江大海以及大山的裂隙，风尘仆仆来到这黄天厚土里炊烟起落的乡间。

山西雕塑总能让人在一整堂雕塑群中首先被一两尊抓住自己的注意力，继而每一尊的个性与差别在细观中显现。着重对雕塑个性与精神的刻画，令山西雕塑格外令人感动。而楠山镜头下的这二十八星宿更犹如一道炫目的闪电，击中了观者的心灵。它所呈现出来的空间充盈感和造型上卓越的光影之美、圆雕圆塑的婉转之美，等等，都使它独树于中国雕塑的宏大场域之中。

第一次见楠山是在冬天的铁佛寺，小村落里端庄又明媚的明代斗拱映着午后的光，像个深山中带发修行的闺秀。山西大地，这样的建筑数不胜数。一晃这么多年，因为见面少，我和楠山没有更加熟络，却似乎比从前更了解了他，大概更多的是通过镜头。有时相熟的人不了解彼此，但未曾谋面者的作品却让人与人心息相通。直到他邀我作序，想到过如何铺排文字，却从未想到推辞。

楠山常常沉默少语，人总是失一处得一处的，还好木讷的楠山有镜头横亘。那是他和世界交流的主要途径，也是一片应许之地，使他时而羞涩的思想在达声于外之前经过一个转场。楠山对于雕塑史的了解和喜爱使他的镜头具有某种书卷气，不太考究华丽的镜头语言，在强调氛围的同时，尽其所能突出雕塑语言。他在捕捉到这尊雕塑最值得的表达之处后，邀请欣赏者用自己的视角观看，他是怀有善意地热望着你能抒发自己的情绪。楠山镜头里的玉皇庙二十八星宿即将公布，而他全部的情感也昭然若揭——喜悦、温情、感伤和热爱。

辛丑冬月 王般若

静心生慧，笃志向道，故能生气在物，玄旨在艺。

万物静观皆自得

自序

Preface

山西是中华文明的发源地之一，为后世留下了众多文化遗产，作为中国地上文物的聚集地，山西不仅有硕果仅存的唐宋古刹、星罗棋布的元明寺观，更保存了从晚唐至明清万余尊寺观彩塑。这些彩塑形制随朝代更迭，风格缘时代嬗变，带着斑驳的历史沧桑，蕴含着无尽的古意之美，唐代的雍容大度、宋代的圆融自足，明清的世俗化，在山西留下了一脉相承的香火。

其中，晋城玉皇庙作为现存最为完善的道教庙宇，神祇塑像丰富、技艺精湛，国内罕见，是研究道教文化和雕塑艺术的宝贵遗产。庙内二十八宿星君塑像更是国内同类题材中现存最早的一处，以海内外独一无二的地位和出神入化的艺术蜚声于世，空前绝后。这些彩塑躲过时间的劫难，阅尽世间沧桑，默默无语却似曾相识：仪态万千的贵族妇女、威风凛凛的将军、饱读经书的文人、历经风霜的老者……他们从那个时代走来，散发出活泼泼的生命力，让人迷恋、痴迷。

星宿是一个复杂的天史人文现象，隐藏着深厚的道教文化底蕴。传统艺人把对宗教的虔诚、艺术的领悟和生命的感知，融入到这些作品中，追求“神”的真实和自然。它们不仅仅是一尊塑像，更是艺术的载体、文化的载体、中国人思想的载体，承载着古人的人文情怀、高超技艺和生命智慧。通过这些彩塑，我们可以看到古人的信仰，还有古人对于美的理解与诠释。

久居城市的现代人，看到的星空远不如古时那般璀璨，曾经与古人生产生活息息相关的二十八宿，若有若无地漫散在历史的时空中，仿佛遥不可及。但那里却有着古老中国曾信守过的、坚持过的生命理想和文化，它们战胜了时间流传至今。只要我们还心怀敬畏，那片“星空”将一直护佑着我们。

以吾心去体悟古人之心，
希望借由现代的影像技术，
将此“心”传递，
正如周汝昌先生所言：
“三心映鉴，真情斯见；虽隔千秋，欣如晤面”。

—何以独冠天下—

晋城玉皇庙二十八星宿

晋城玉皇庙古称玉皇宫，位于晋城市泽州县金村镇府城村北的土岗上，占地面积约4000平方米，是一处规模宏大的道教宫观建筑群。庙内现存殿宇楼阁140余间，彩塑300余尊，壁画120余平方米，碑刻10余通，时代横跨宋元明清。

据庙内明万历年间《创建庙门屏志》碑文载："隋时居民聚之北阜，建庙宇三楹，内绘三清神像，至今原貌存焉。征之碑铭可考镜已。迨宋熙宁丙辰，本乡旱干已甚，乡民祈祷于此，既而甘露滂沱，乡邑沾足，耆民李宗颜、秦恕等，深感神工，于旧庙稍西，度地为阳相形土岗，创建庙宇三院，共计百楹有奇，最后正殿绘昊天玉帝，绘三官四圣，两庑绘九曜星君、十二元神、二十八宿等。"可知隋代此处已有庙宇，北宋熙宁九年(公元1076年)续建。金泰和七年(公元1207年)大修，金贞祐年间(公元1213—1217年)兵乱遭毁。元至元二年(公元1265年)复修。明、清两代屡次修葺。

府城玉皇庙的现存殿宇为中国建筑的典型布局，坐北朝南，左右对称。庙内建筑为三进院落，还有一侧院。其建筑风格集纳了传统宫观建筑的主要特点，中轴线上头道山门、二道山门、成汤殿、献亭、玉皇殿由南向北依次排序。拾级登临，如朝北宸，体现了儒家的伦理道德观念。此外，还有东西配殿、两庑二十八宿殿、十二辰殿、十三曜星殿、关帝殿、蚕神殿、钟鼓楼等。远远望去，鳞次栉比，跌宕有致。

主殿玉皇殿塑玉皇大帝及诸神五十余尊，玉皇殿的东西两侧分别为三垣殿和四圣殿。东西廊庑为十三曜星和十二辰及二十八宿。东跨院三间是关帝殿，塑关羽像。下两间中配殿供着蚕神，是古代的行业保护神。中院正殿为献享殿，中塑商代贤帝成汤。东偏殿为东岳殿，西偏殿为三王殿，中院东庑上三间为禁药王殿，东庑下两间为五道殿。中院西庑上三间为高禖祠，俗称奶奶庙或娘娘殿……整座庙宇囊括了道教的大部分神话人物。可以说府城玉皇庙保存道教神祇塑像之丰富、雕塑之精湛，为国内罕见，是研究道教文化和雕塑艺术的宝贵遗产。

在玉皇庙诸多殿宇中，最具文物价值和艺术价值的当属二十八宿殿的彩塑。整组塑像在动态与静止、抽象与具体、理想与现实间不停探寻，找寻美的极致。通过不同性别、年龄、性格、服饰、身份的刻画，塑造出神态各异的人物，他们或喜或忧，或嗔或怒，迥然不同，达到了炉火纯青的境地，是中国古代雕塑艺术的神来之笔，可谓举世无双、独冠天下。

二十八星宿塑像寓动于静，动静结合，通过情绪、体态、服饰的刻画，使观看者在心理上获得一种"运动感"。塑造者把某一种情绪定格在一瞬间，表现出性格的张力和爆发力。二十

徐向阳

连云港市博物馆副馆长
连云港市文物保护专家库成员
连云港市珠宝玉石专业委员会委员
连云港市新闻文化交流促进会理事

1968年5月生于江苏涟水，民主建国会会员，现就职于连云港市博物馆，从事文博工作近三十年，发表论文十余篇。多年来带领团队设计研发博物馆文创产品，并多次获奖。

八尊像中有男性形象十九尊，女性形象九尊，凡占“水”字的星君像都以女性形象来表现，刻画出温柔如水的性格，恬静的气场让空气的流动也慢下来；凡占“火”字的星君像都是武士，通过脸形的变化和夸张，刻画出热烈勇猛的神情，他们或嗔或怒，都表现出一种强烈的情绪，带动身上的披帛和绶带夸张地飘起，使整座殿庑气流风动。

运动感还体现在体态的塑造上，二十八位星君似坐非坐，身体或前倾、或后仰、或侧蹲，不管是脚用力抓地，还是随意地将腿盘起，或是端坐于台基之上，都有一种似乎要站起来的感觉，给人一种未动似动、不动欲动的幻觉。同时利用人物动态的方向转换、高低起伏的穿插，形成或缓或急的节奏，产生了整体气势上的旋律，如同钟鼓齐鸣，奏响“生生而有节奏”的生命之音，正如宗白华先生所说的，一个充满音乐节奏的宇宙，是中国艺术追求的灵魂。

道教的衣饰在视觉上具有独特的创造性和艺术特征，其中，冠象征了日、月、星三光之象的天，袍裙则代表了有五岳之形的地，从而使整套法衣构成了一个完整的道教宇宙世界。二十八星宿在袍服的塑造上，女星君的纹饰繁复柔软、男星君的简洁有力，衣服的袖边、裙边、外衣都装饰有精美的织绣花纹，注重细节，彼此呼应。肢体的任何一个动作，或抬起、或放下、或持物……都能带动衣纹的千变万化，起伏的衣纹若流水倾泻，若行云流转，若山峦起伏，衣褶繁复而飘动，风飘袂起，呈现出道法自然的特点。

二十八星宿都仿照尘世中的人，赋予原本抽象的星宿概念以不同的人物形象和性格，突出了人物内心世界的丰富维度。作者带着对道教的敬仰，化抽象为具体，变枯寂为神奇，用写实与写意、想象与象征相结合的艺术手法，把星座人性化，并用传统的雕塑技法表现出来。武

晋城玉皇庙全景

现存殿宇按照中国建筑的典型布局，坐北朝南，左右对称。庙内建筑为三进院落，还有一侧院。其建筑风格集纳了中国官观建筑的主要特点，中轴线头道山门、二道山门、成汤殿、献亭、玉皇殿由南向北依次排序。拾级登临，如朝北宸，体现了儒家的伦理道德观念。此外，还有东西配殿、两庑二十八宿殿、十二辰殿、十三曜星殿、关帝殿、蚕神殿、钟鼓楼等。远远望去，鳞次栉比，碧瓦琉璃，跌宕有致。

琉璃二十八星宿像

此套琉璃烧造的二十八星宿像原位于玉皇殿屋脊上，虽历经风雨，部分彩釉已经斑驳，但从残存的脊块上仍然可以看到脚踏祥云、手持法器、禽兽环绕、神态各异的诸星君形象。据金泰和七年（公元1207年）碑石记载，该琉璃件是晋城东元庆村琉璃匠人李道真烧制。现收藏于晋城博物馆。

士的刚猛、女性的温柔、老者的慈善、文官的睿智，表现得惟妙惟肖，却无一雷同。老人的皮肤干瘪，青年的面部饱满，即便同为女性，年轻女性的肌肤圆润，年长者肌肉松弛……他们从那个时代走来，却又离我们很近，虚日鼠的俏皮像极了邻家的少女，女土蝠的慈祥洋溢在村口老人的脸上……这些细节上的刻画，充分发挥了泥塑性能的丰富表现力，使木胎泥塑拥有了天神的外表和凡人的情感。塑造者在宗教的虔诚和人间的世俗之间形成一种平衡，从凡入圣，从圣入凡，达到出神入化、呼之欲出的程度，给人以美的想象、艺术的享受。

二十八星宿采用人物形象与动物形象相结合的雕塑手法，拟人化地表现出了二十八星宿的独特魅力。作者尤其注重突出塑像的动物属性以及人与动物之间的互动，创造出一系列生动真实的艺术形象。如：尾火虎的胡须、双鬓、眉毛以类似老虎斑纹的线条勾勒，将老虎的特征展现在人身上；觜火猴的面部塑造有某些猴子的特征，而他身边的猴子如同一个顽皮的小孩……在人与动物的互动关系上更是表现得一动一静，富于故事性和想象力，如：氐土貉一派文静内敛的气质，他抱着的貉子却探出头想要逃跑，神情狡诈；怒发冲冠的室火猪则掣一柄短刀瞪着房梁之上正在飞奔的小猪，似欲把之擒下；一只山羊在鬼金羊与参水猿之间走动，抬头望向主人，仿佛正张口咩叫，人物与动物在动静之间形成鲜明对比，生趣盎然。

然而这些并没有现成的粉本可循，玉皇庙二十八宿与中国历代关于二十八宿的图文记述皆不相符，作者彻底颠覆了已有的艺术形象，突破了传统粉本的制约，对二十八宿进行了拟人化的创新，着实是一个创举，在仪轨繁多的中国古代雕塑中颇为难得！

玉皇庙现存碑记中对二十八宿有相关记载的发现两处：一为明万历年间《创建庙门屏志》碑文载："追宋熙宁丙辰，……创建庙宇三院，共计百楹有奇，最后正殿绘昊天玉帝，绘三官四圣，两庑绘九曜星君、十二元神、二十八宿等"；二为雍正五年（公元1727年）《二十八宿重妆记》碑文载："旧有二十八宿行殿，创自宋熙宁间，为岁久像败，复从而妆之……"

关于玉皇庙二十八宿神像的成像年代和作者，有关专家猜测为元代刘元塑或笼统说为宋、元时代作品。赵学梅老师在《唐风宋雨》一书中，专门对此做了详细研究与分析推断，她根据刘元所处年代、时代背景及玉皇庙碑记中重修记载等否定了刘元塑造这一说法，并力主成像于宋代，这一分析相对严谨，但是对造像风格缺乏横向的比较。刘元说可能是折服于其高超的艺术水平和雕塑技艺，除了刘元，人间再无此鬼斧神工了。

雕塑是融技巧、审美、内涵与信仰为一体的艺术。

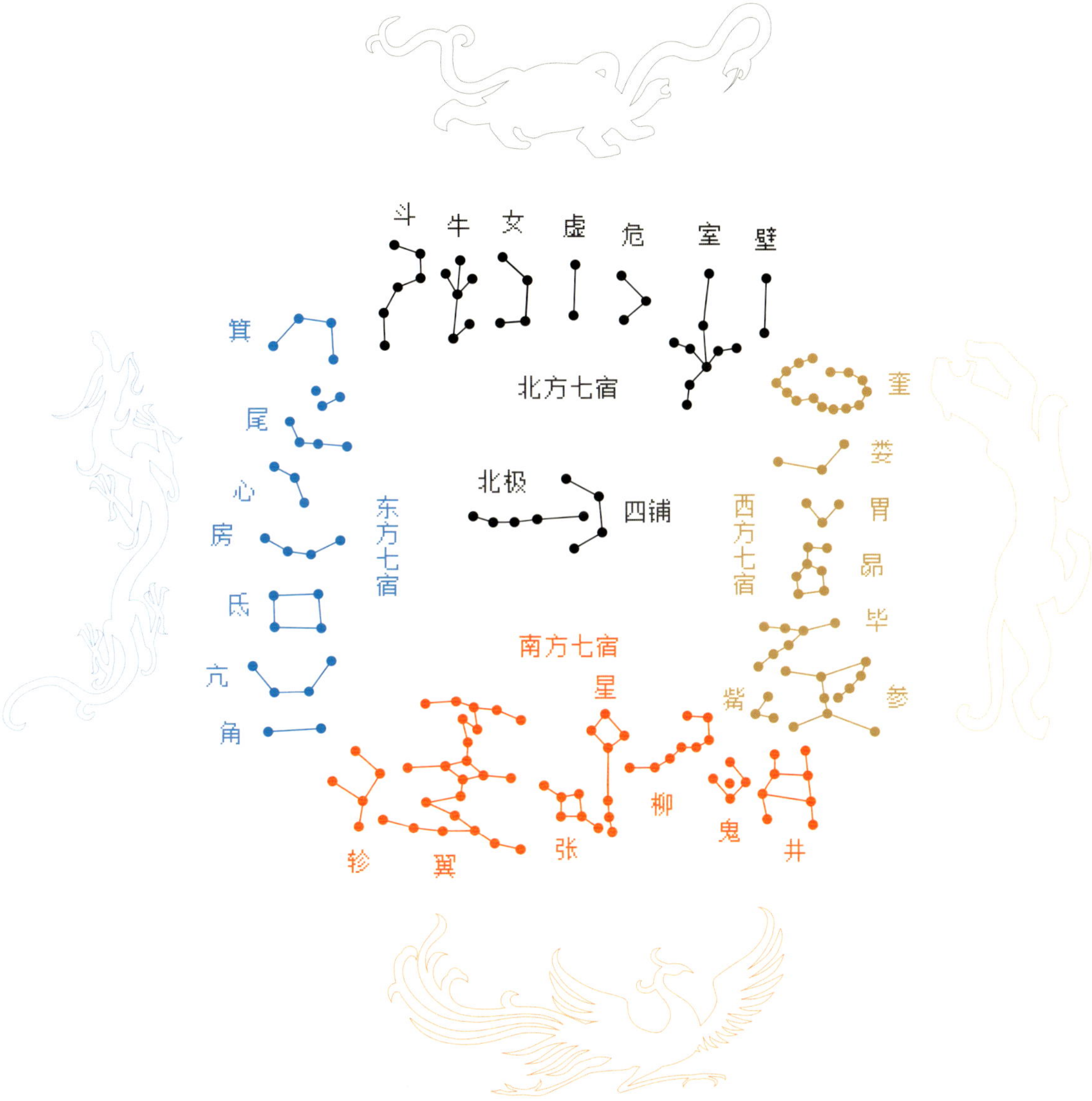

斗
牛
女
虚
危
室
壁
北方七宿
箕
尾
心
房
氐
亢
角
东方七宿
北极
四辅
奎
娄
胃
昴
毕
觜
参
西方七宿
南方七宿
星
柳
鬼
井
张
翼
轸

星宿起源

中国是世界上最早进入农耕文明的国家之一，为了更好地指导农业生产，古人非常重视对天象的观测。二十八星宿的出现就源于观察天象的需要，古人觉得恒星相互间的位置恒久不变，可以利用它们做标志来说明日、月、五大行星（金、木、水、火、土）运行所到的位置。经过长期观测，古代中国天文学家将黄、赤道（天球赤道）附近的恒星划分为二十八个星区，将每个星区所包含的星体连接并想象为抽象的图案，以此为依据命名的二十八个星区就是二十八星宿。

角、亢、氐、房、心、尾、箕，这七个星宿组成一个龙的形象，春分时节在东部的天空，故称东方青龙七宿；

斗、牛、女、虚、危、室、壁，这七个星宿组成一组龟蛇互缠的形象，春分时节在北部的天空，故称北方玄武七宿；

奎、娄、胃、昴、毕、觜、参，这七个星宿组成一个虎的形象，春分时节在西部的天空，故称西方白虎七宿；

井、鬼、柳、星、张、翼、轸，这七个星宿组成一个鸟的形象，春分时节在南部天空，故称南方朱雀七宿。

由以上七宿组成的四个动物的形象，合称为四象，也称四维或四兽。古代人民用这四象和二十八星宿中每象每宿的出没和到达中天的时刻来判定季节。又因古人面向南方看方向节气，所以才有左东方青龙、右西方白虎、后北方玄武、前南方朱雀的说法。

二十八宿的起源远在周秦之前已有记载。《诗经》以及《尚书》中有部分名称出现。《尚书·尧典》以鸟、火、虚、昴昏中定春夏秋冬，二分二至："日中星鸟，以殷仲春。日永星火，以正仲夏。宵中星虚，以殷仲秋。日短星昴，以正仲冬"。《书·传》也说："主春者张，昏中，可以种谷。主夏者火，昏中，可以种黍。主秋者虚，昏中，可以种麦。主冬者昴，昏中，可以收敛。"《国语》记载："辰角见而雨毕，天根见而水涸，本见而草木节解，驷见而陨霜，火见而清风戒寒。"张衡《灵宪》称："苍龙连蜷于左，白虎猛踞于右，朱雀奋飞于前，灵龟圈首于后。"《周礼》的"周官"和"春官"中出现了"二十八星"一词；但一般认为这只是二十八宿的总称，没有二十八宿的具体宿名；且其称"星"，还未见称"宿"。全部的二十八宿名称记录于公元前239年成书的《吕氏春秋》。该书《圜道篇》称"月躔二十八宿，轸与角属，圜道也"，又该书《有始篇》列举九野星名时，写出了自"角"至"轸"全部二十八宿名。

最早见于考古发现的实例是随县出土的战国时期曾侯乙墓漆箱，上面首次记录了完整的二十八宿的名称。西安交大西汉墓二十八宿星象图是目前所知的、中国年代最早、保存最完好的二十八星宿图。在新疆吐鲁番阿斯塔纳唐墓、河北宣化辽墓以及敦煌卷子中也曾发现历代的二十八星宿图。现藏于日本大阪市立美术馆的《五星二十八宿神形图》为唐代开元年间梁令瓒所绘。梁令瓒是一位画家，也是一位天文仪器制造者。他为金、木、水、火、土五星和二十八星宿绘制了具体的形象。在这幅画卷中，二十八宿有男有女，各不相同，但其中大多数是半人半兽的怪物形象，与上古神话中大量出现的半人半动物形态的诸神一样，是一种神性的体现。而真正把二十八宿与二十八种动物联系在一起，要归功于唐初著名道士袁天罡。他将星宿概念与金、木、水、火、土、日、月七种属性、二十八种动物进行了结合：在每个星宿名下分别缀以代表阴阳的日、月，表示五行的金、木、水、火、土，构成星宿名的第二个字；用不同的动物名称构成星宿名的第三个字；由此二十八星宿由抽象的天文概念发展成具象的动物，星宿名称变成了三个字。这种命名方式使二十八宿的神名更加神秘，形象更加具体、生动。

道教神灵崇拜中专门有一大类型是星辰和星君崇拜。道教认为天有日、月、星，人有精、

曾侯乙墓二十八宿漆箱

1978年夏，湖北随县擂鼓墩出土一战国时期的古墓，称为随县擂鼓墩一号墓，又有人称为曾侯乙墓。墓内随葬品有乐器、青铜礼器、金器、玉器、木器、竹器和竹简等，共七千多件。在这众多的随葬品中，有一木箱，箱呈长方形，通长82.8厘米，宽47厘米，通高44.8厘米，内髹红漆，外以黑漆为底色，加施红彩。彩绘的内容是：盖面正中朱书一篆文的大“斗”字，环绕“斗”字按顺时针方向排列二十八宿名称，并与《史记·天官书》的二十八宿名称基本相同。盖顶两端分别绘出青龙、白虎。在亢宿之下有“甲寅三日”四个字。衣箱两端面，一面绘似蟾蜍图、星点纹；另一面绘似大蘑菇云纹、星点纹。两侧面，一面绘两兽对峙、卷云纹、星点纹；另一面无花纹。这件衣箱是我国迄今发现记有二十八宿全部名称、并以之与北斗和四象相配的最早的天文实物资料，说明我国至少在战国早期就已形成二十八宿体系。

五星二十八宿神形图局部（传为唐代梁令瓒绘）

气、神。相对于人体的三宝精、气、神而言，日、月、星乃是天之三宝，更具有神圣性。道教视星为万物之精，为日所生，故“星”由“日”和“生”两字组成。西汉司马迁《史记·天官书》涵括了远古巫咸、楚人甘德、魏人石申三位古星象大师之说，详细记述了当时把星空分为中官、东官、西官、南官和北官五个天区的情况。西晋时的太史令陈卓为我国古星象图的集大成与奠基者。他搜集这三家的星经与星图，将星空分为283官共有1465颗星。283官含三垣、二十八宿及其他星官，汇总成《晋书·天文志》。历经数代发展，至唐朝，《步天歌》用浅近的语言历叙了天上1465颗星的位置，将星空分成“三垣二十八宿”共31个部分，成为古代星占学划分星空的准绳，沿用千年之久。

上述文献记载也成为道教天官信仰的来源，在古代，天与人间的关系密不可分，冥冥之中那股支配季节更替与群星运行的力量，同时也支配着尘世间的各种事件。随着社会的发展，天官文化广泛应用于中国古代天文、宗教及星占、风水、择吉等术数中，不同的星官被赋予吉凶祸福，掌管着人世间的不同事务。星空成为人间在天上的投影，天垂象，见吉凶，王朝更迭，国运兴衰，帝王命数，苍生祸福，皆可从星象中得到映射与预警。

有宋一代，道教崇拜盛行。道教的神祇谱系不断充实，从官方角度予以规范，玉皇大帝是天上最高的神，二十八星宿是玉皇大帝的侍从，他们司职天象观测以及掌握日、月、星辰在天空的运行，由此判定二十四节气。而二十八宿值日神的传说，更是让中国古人每天都生活在不同星宿神的庇护下，二十八星宿文化逐渐渗入老百姓生活的方方面面，从道教的众神祇中脱颖而出。正是这种文化土壤的浸润，催生出晋城玉皇庙二十八星宿精美绝伦的彩塑。直到现在，每年农历九月十三，玉皇庙的庙会如期举行，附近的百姓从四面赶来，祭拜他们心中的“神”。星宿衍生出的文化，隐藏在中国人的血液中，从未中断。

青龙原为古老神话中的东方之神，从先秦时代开始成为代表太昊与东方七宿的神兽，汉代五行学说兴起，它的象征含义又多了甲乙与春季。

角、亢、氐、房、心、尾、箕，包括四十六个星座，三百余颗星，组成的形象似一条自东南向西北游动的苍龙。春天初夏出现于东部的天空，东方在五行中属木，其色青，故称东方青龙七宿。在《淮南子》卷三记载：『天神之贵者，莫贵于青龙。』故青龙为四象之首。后来道教神话体系将四象吸收并神格化，青龙因此也被称为孟章神君。

东方七宿

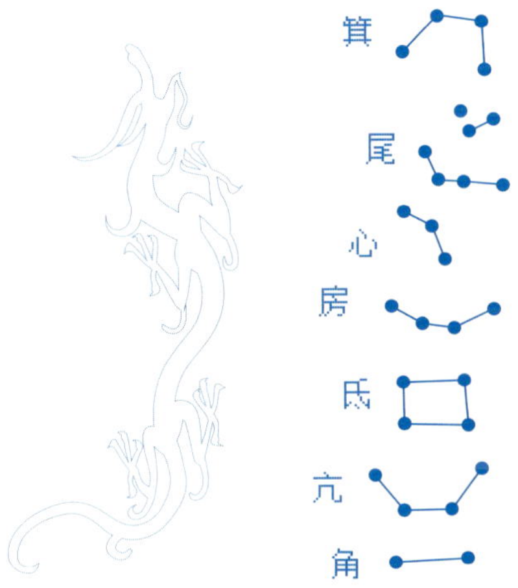

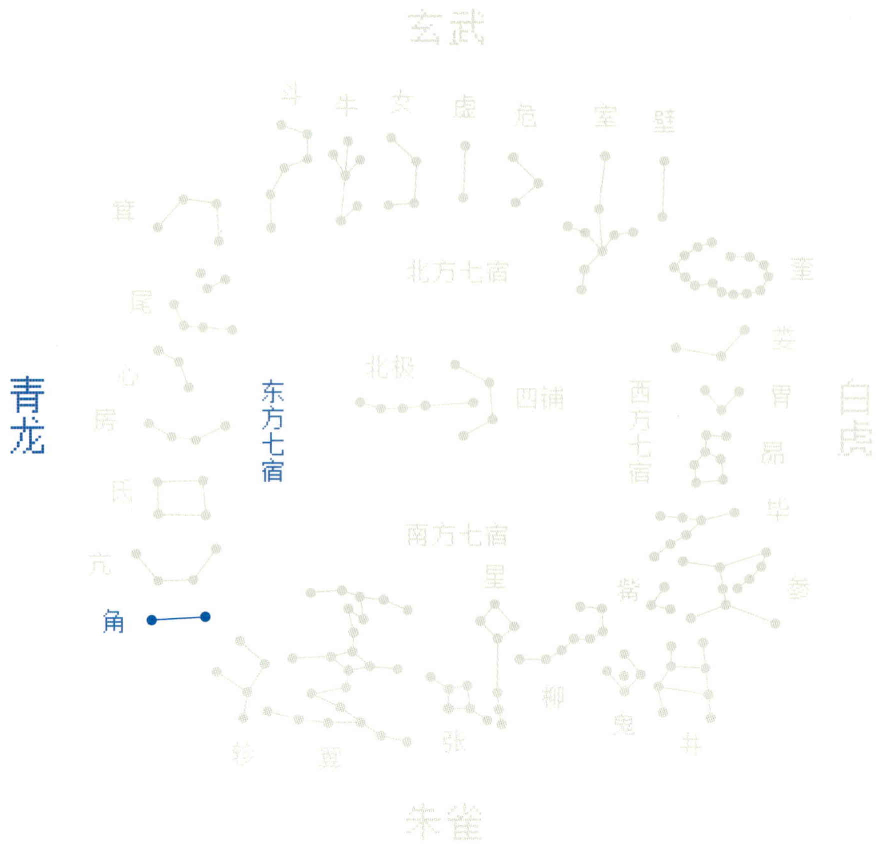

角木蛟

东方青龙七宿之

Jiao Mu Jiao

属木，为蛟，是东方青龙七宿之首，也是二十八星宿的第一宿。由两颗星组成，属室女座。『角』可理解为角宿位于青龙的角上，又因黄道从这两星间穿过，故古籍称角二星为『天门』或『天关』。蛟的形象为形似蛟龙、为没有角的神兽模样。角宿最为善战，受到召请时必排在前列，乃斗杀之首冲，故角宿多凶。

像高160cm，座高21cm。

角木蛟，殿内南起第十五尊造像，为一名老者形象，头戴束髻小冠，颌下系带，白发红脸，眉骨突出，怒目而视；身着交领窄袖衫，外披的长袍从右肩滑落，领口及衣缘饰有花卉纹和狮子戏绣球图案；他左手持龙珠高举于头一侧，以示召唤，右手握笏板于身前，左腿盘曲，右腿自然下垂，盛气凌人却体态轻盈，彷佛正御蛟而行。一旁的蛟张牙舞爪，眼睛追随着星君手里的龙珠，形态逼真。2006年角木蛟惨遭身首异处的横祸，现在看到的头像是后补之作。

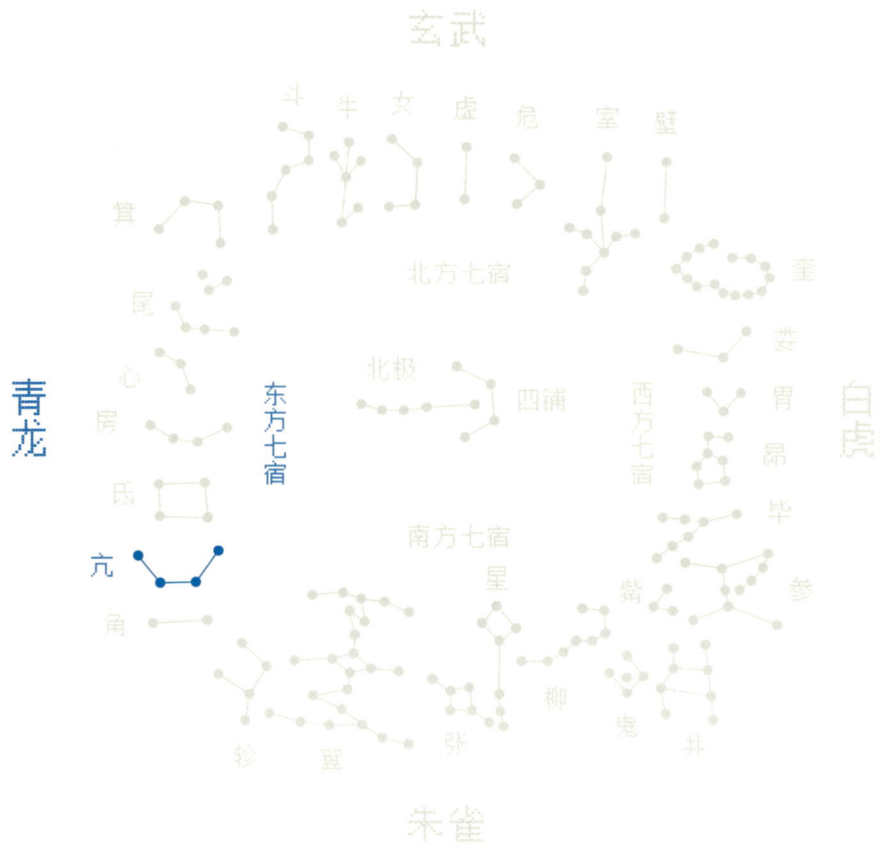

东方青龙七宿之

亢金龙

Kang Jin Long

属金，为龙，是东方青龙七宿中第二宿。由四颗星组成，属室女座。『亢』是龙的咽喉，《尔雅·释鸟》云：『亢，鸟咙』，注称：『亢即咽』，俗作吭。亢星身长有鳞，有足，善飞能走，形态性情亦与龙相同，故亢宿多吉。

像高156cm，座高13cm。

亢金龙，殿内南起第十六尊造像，是九尊女像中唯一发怒的形象。她神色凝重，气势凛然，头发因发怒而向上高高冲起，肤色白皙，眼角上挑，怒目而视，嘴部微微张开，牙关紧咬，整个身躯向右扭动，仿佛被一股巨大的怒气牵引着，马上就要喷薄而出。作者正是抓住了这一瞬间，用夸张的表情和细腻的肢体语言，把人物的内心世界表现得淋漓尽致，凡观瞻者都会被它的怒气所震慑，在一侧扭动蜷卧的龙张牙舞爪，尖锐有力的爪子把它善飞能走的特性表露无疑，尽管如此，它还是臣服于星君的盛怒之下。

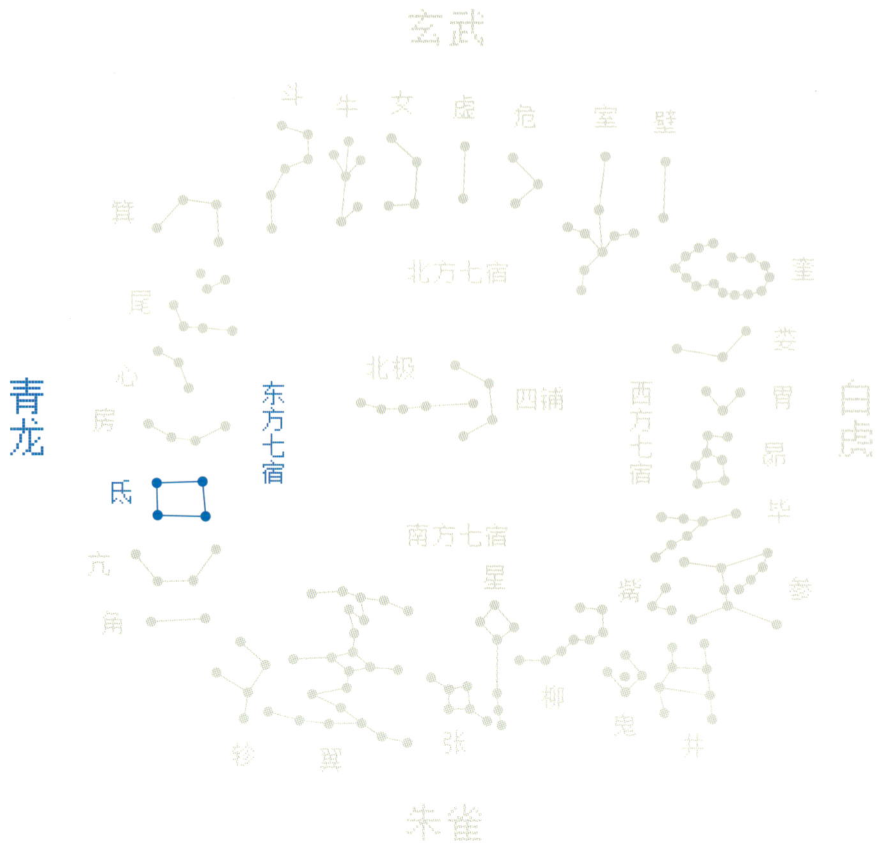

氐土貉

东方青龙七宿之

Di Tu He

属土，为貉，是东方青龙七宿中第三宿。由四颗星组成，属天秤座。《丹元子步天歌》记载氐宿「四星似斗测量米」，形状像一个斜置的斗，《尔雅·释天》称：「天根，氐也」，注称「角、亢下系于氐，若木之有根」，好像树木有根一样，因此「氐」可理解为龙的主体骨架，氐为柢的借词。

像高161 cm，座高19 cm。

氐土貉，殿内南起第十四尊造像，为一个文臣形象，外表恭谨儒雅，整个人物静坐，左手抚貉，右手持笏板，头戴高冠，身着交领窄袖衫，外披长袍，衣纹流畅，纹饰丰富，蔽膝上装饰有植物纹样，一派文静内敛的气质。与这文雅形成鲜明对比的，是他左手抱着的一只貉，正探出头做逃跑状，神情狡诈，人物与动物动静相宜，别具风味。

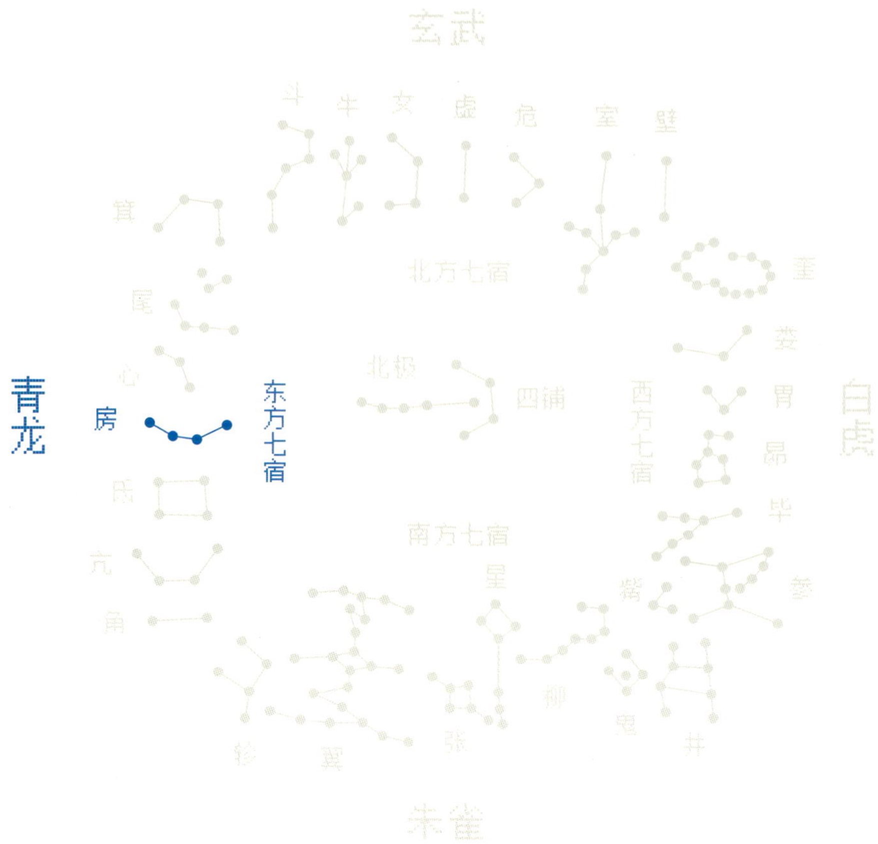

房日兔

东方青龙七宿之

Fang Ri Tu

为日，为兔，是东方青龙七宿中第四宿。由四颗星组成，属天蝎座。为苍龙腹房，《史记·天官书》曰：『房为府，天驷也』，府通腑，故为苍龙腹房五脏所在，《尔雅·释天》称：『天驷，房也』，注称：『龙为天马，故房四星谓之天驷』。『房』四星一字排开，因古代一车驾四马，古人将『房』想象为天马的车驾，称为『天驷』。房宿形如兔，善腾飞。

像高165cm，座高12cm。

房日兔，殿内南起第十七尊造像，为中年男子形象，头戴束髻小冠，颌下系带，须发皆白，长髯飘于胸前，眉头微锁，面沉似水，表情肃穆；身着交领窄袖衫，外披长袍，领口及衣缘饰有云纹和团凤图案。他正襟危坐，左手上蹲卧着一只兔子正抬起前蹄，跃跃欲试地望向主人右手托起的红色圆盘，代表太阳的圆盘内塑一飞鸟状浮雕，为金乌。

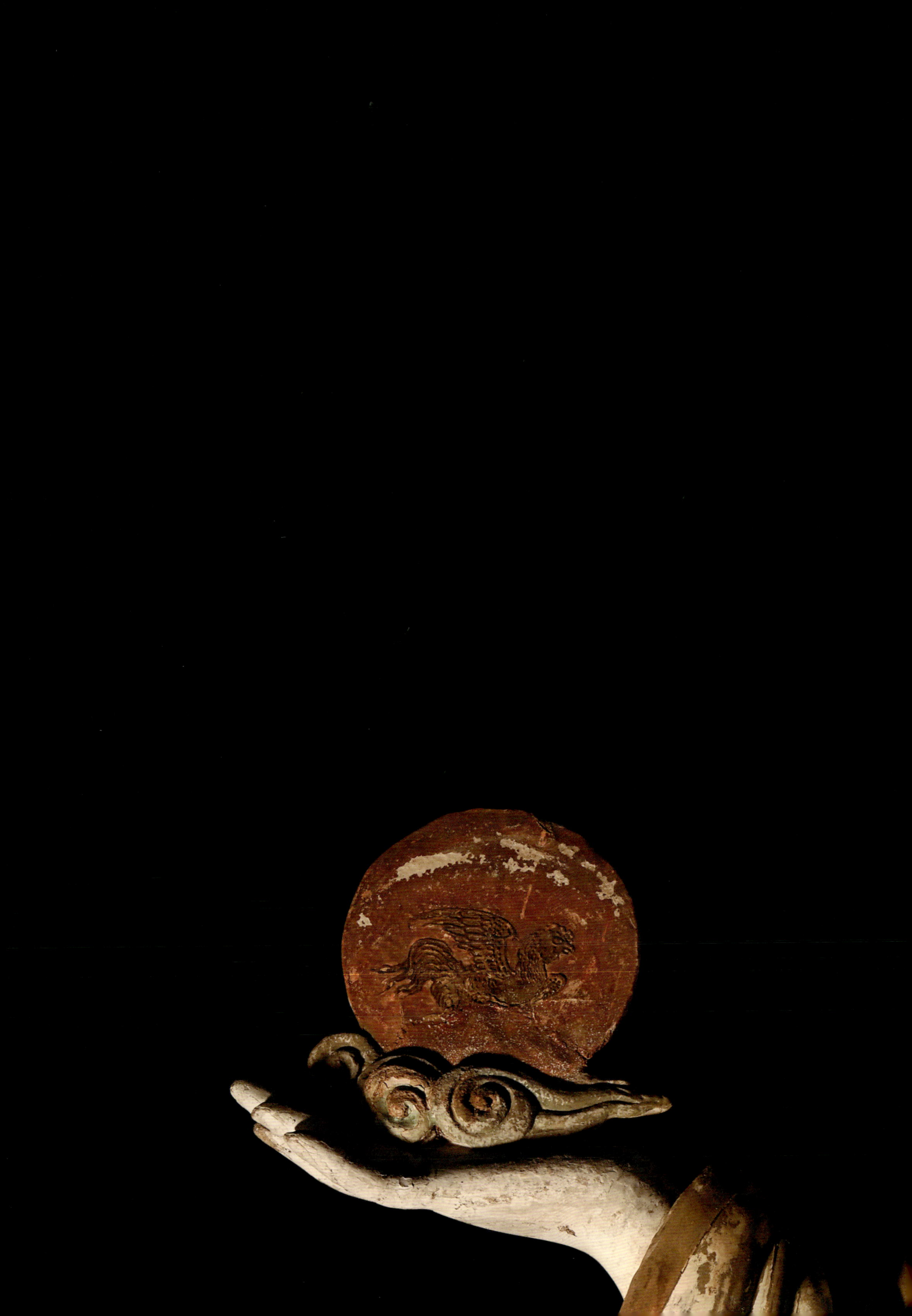

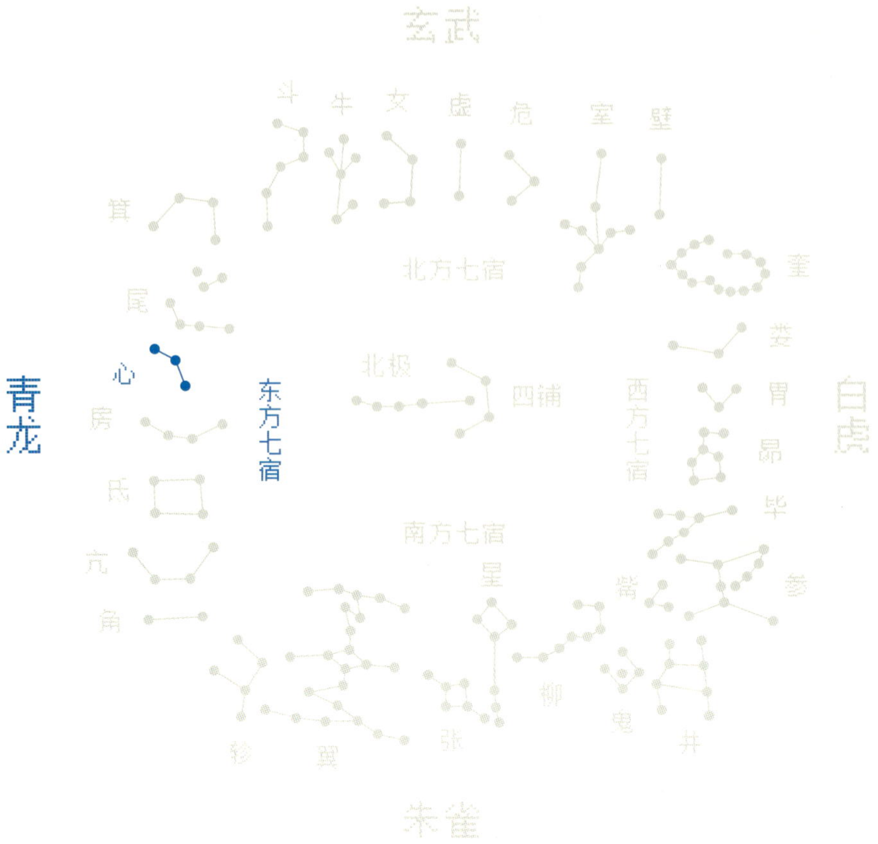

心月狐

东方青龙七宿之

Xin Yue Hu

为月，为狐，是东方青龙七宿中第五宿。由三颗星组成，属天蝎座。位于青龙心脏的位置，因此得名。古代称之为『商』，是夏季第一个月应候的星宿，常和房宿连用，用来论述『中央支配四方』。诗经中『七月流火，九月授衣』指的就是此星在当时指导生活上所起的作用。

像高162cm，座高18cm。

心月狐，殿内南起第十三尊造像，为一雄赳赳的武夫形象，他怒目圆睁，张嘴高吼，披散的头发顺势后拢，袒胸露乳，左腿盘起，右腿蹬地，肌肉突出，血管暴起，左手高举，张开的右手手指充满力量，表现了武士雄健的动态美和内在无穷的张力，披帛和裙摆随势飘动，仿佛周围的空气也跟着流动起来，营造出向左跃起的动势。白色的狐攀于星君的右腿之上，正欲跳起，机敏地望向星君左手所指方向。

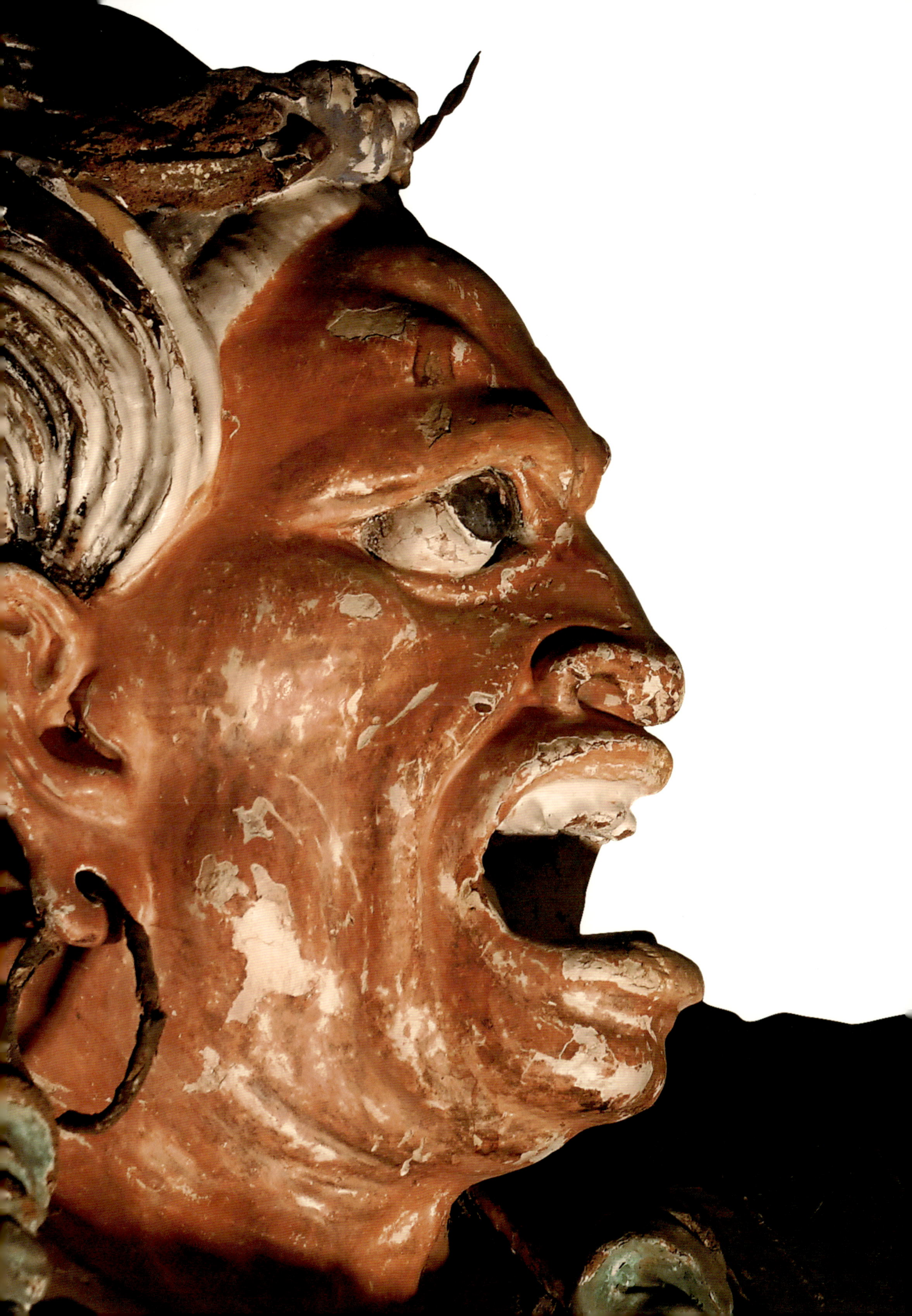

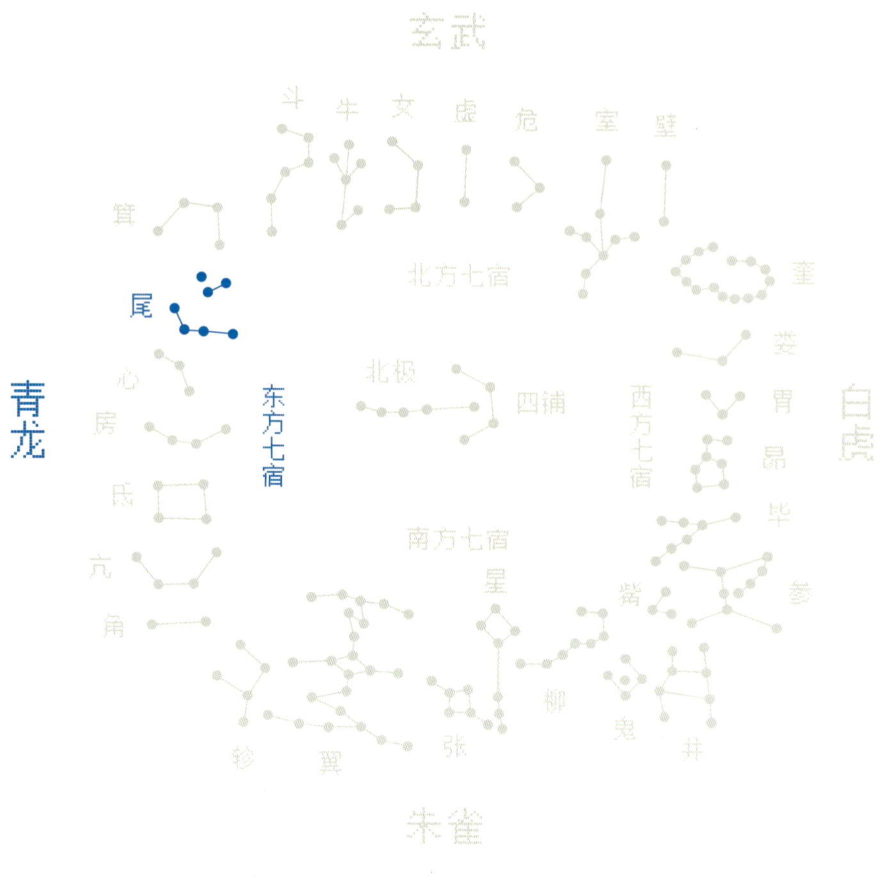

尾火虎

东方青龙七宿之

Wei Huo Hu

属火，为虎，是东方青龙七宿中第六宿。由九颗星形组成苍龙之尾，属天蝎座。其九星呈弯钩状分布，最后四星折向北方，似龙尾嬉水之状，悬挂于银河南段的河岸边上。龙尾是易受到攻击的部位，故尾宿多凶。

像高169cm，座高24cm。

尾火虎，殿内南起第十八尊造像，作武士打扮，头发向上竖起，面红耳赤，怒目圆睁，鼻翼微张，龇牙咧嘴，胡须、双鬓、眉毛的刻画类似老虎的斑纹，将老虎的特征展现在人物身上。身披锁子甲，龙巾裹腹，腰间系裙，披帛绕肩飞舞，两臂一高一低，挥舞着拳头，肌肉鼓起，右腿盘曲，左腿蹬地，好似一正欲杀敌的将军。一只咆哮的猛虎跟随在侧，强化了星君威风凛凛，虎虎生威的形象。

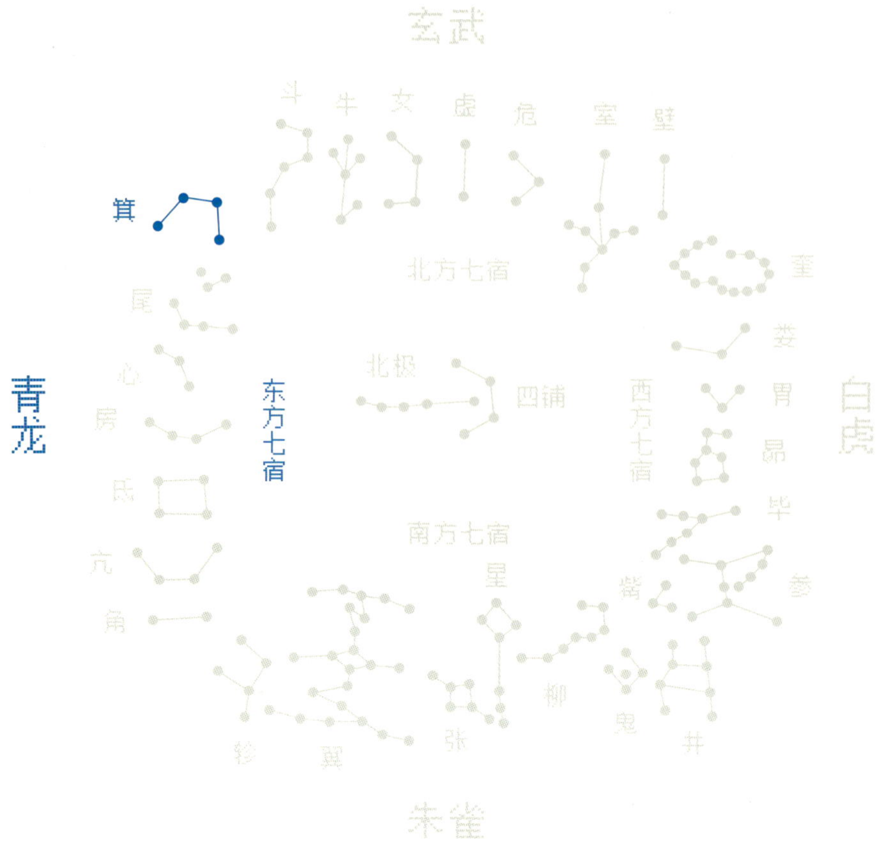

箕水豹

东方青龙七宿之

Ji Shui Bao

属水，为豹，是东方青龙七宿中最后一宿。由四颗星组成，属人马座。四颗星构成一个四边形，形似簸箕，为龙尾摆动引发的旋风。《说文》中对箕的解释为『箕，簸也』，是一种用竹编制的用作扬米去糠的器具。在《诗经·小雅》中的『维南有箕，不可以簸扬』指的便是它。《周礼》中说『箕主簸扬，能致风气』，因此箕宿为风神，也代表好调弄是非的人物，主口舌之象，故箕宿多凶。

像高155cm，座高13cm。

箕水豹，殿内南起第十二尊造像，为一尊衣着华丽的中年女性形象。她头戴花冠，肤若凝脂，眼皮轻抬，鼻梁挺拔；胸前饰璎珞，身着长袍，腰系缚裙作为装饰，云头履若隐若现，衣缘饰有龙纹和狮子戏绣球图案，衣纹错落有致，层次分明；右手托物，左手置于台基上，轻撑着整个身体，微微向左仰视，似在倾听。豹立起身体，趴在裙摆处，昂首仰视，追随星君的目光。

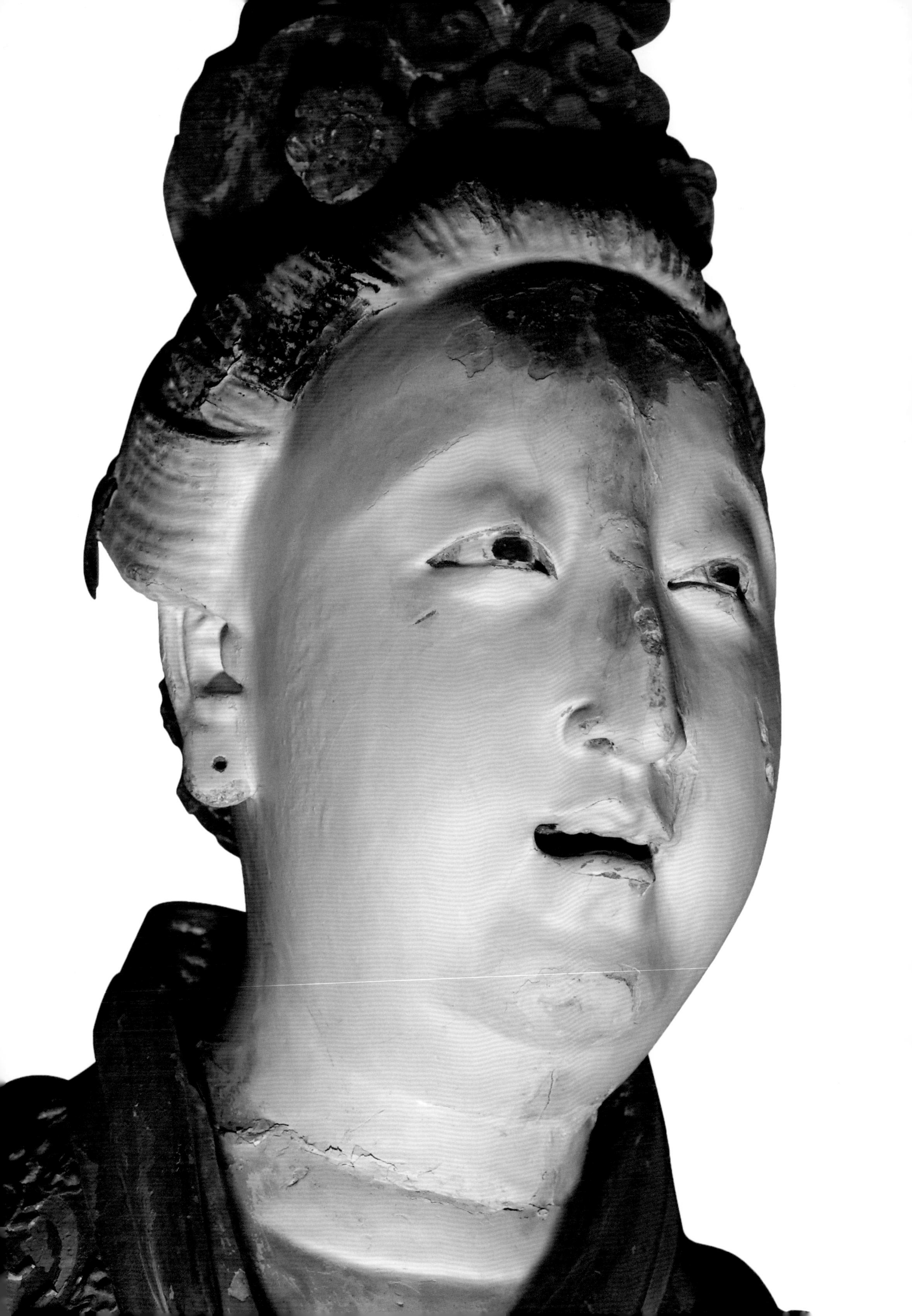

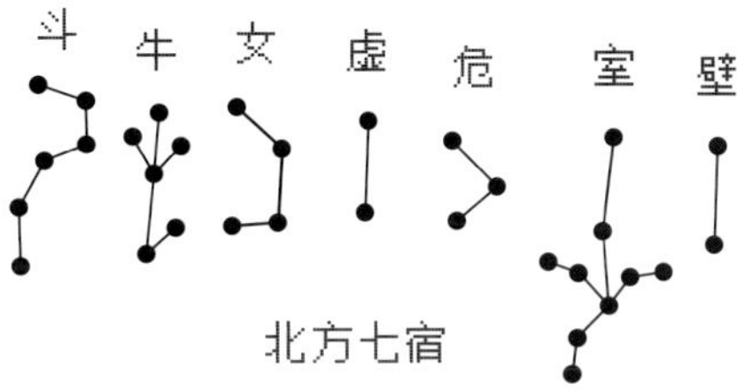

北方七宿

玄武原为古老神话中的北方之神，从先秦时代开始成为代表颛顼与北方七宿的神兽，汉代五行学说兴起，它的象征含义又多了壬癸与冬季。

斗、牛、女、虚、危、室、壁，包括六十五个星座，八百余颗星，组成了蛇龟缠绕的形象，寒冬早春出现于北部的天空，北方在五行中属水，水为黑，故称北方玄武七宿。玄武被后世升格为北方的真武大帝，成为道教的大神。

玄武

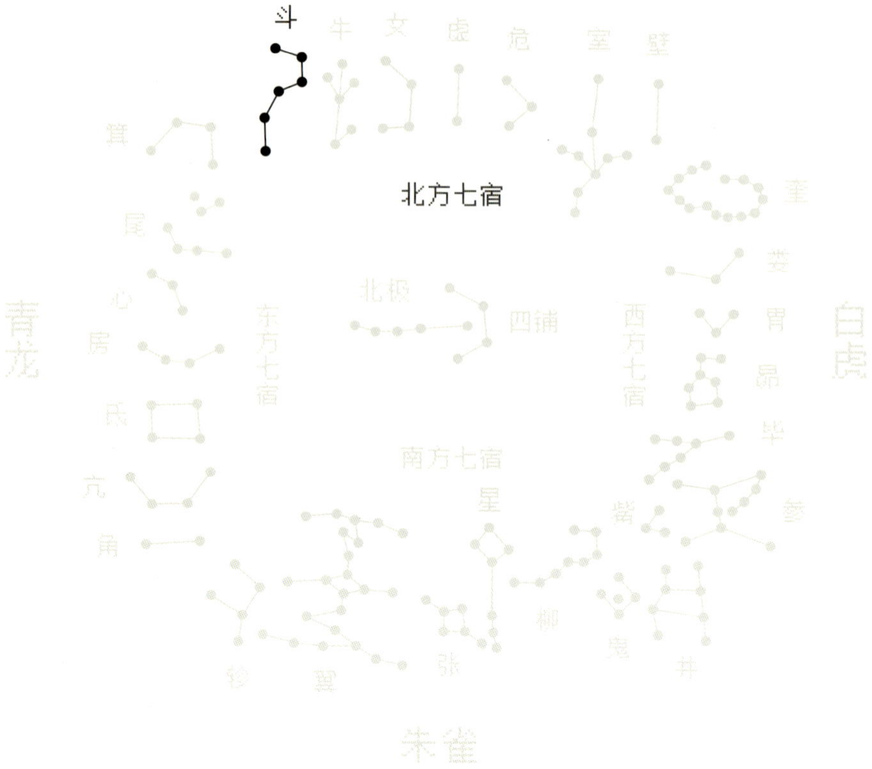

斗木獬

北方玄武七宿之

Dou Mu Xie

属木，为獬，是北方玄武七宿中第一宿。由六颗星组成，为玄武的额头，属人马座。也称南斗，因形状像斗得名，但光泽比北斗七星稍显黯淡。古称『天庙』，被视为天子之星，不可冒犯，故斗宿多凶。

像高164cm，座高15cm。

斗木獬，殿内南起第十九尊造像，为一中年男子形象，面若重枣，眉弓高耸，二目圆睁，眼珠凸出，紧抿嘴唇，络腮胡垂于两肩；头戴官帽，颌下系带，身着红袍，内着蓝色蔽膝、黄色长裙，外搭白色披帛，领口及衣缘饰有龙纹和狮子戏绣球图案；他端坐于基座上，双手持笏板。獬从身后走出，双目炯炯，回首望向星君。整体呈现出一种静穆中略带紧张的氛围。

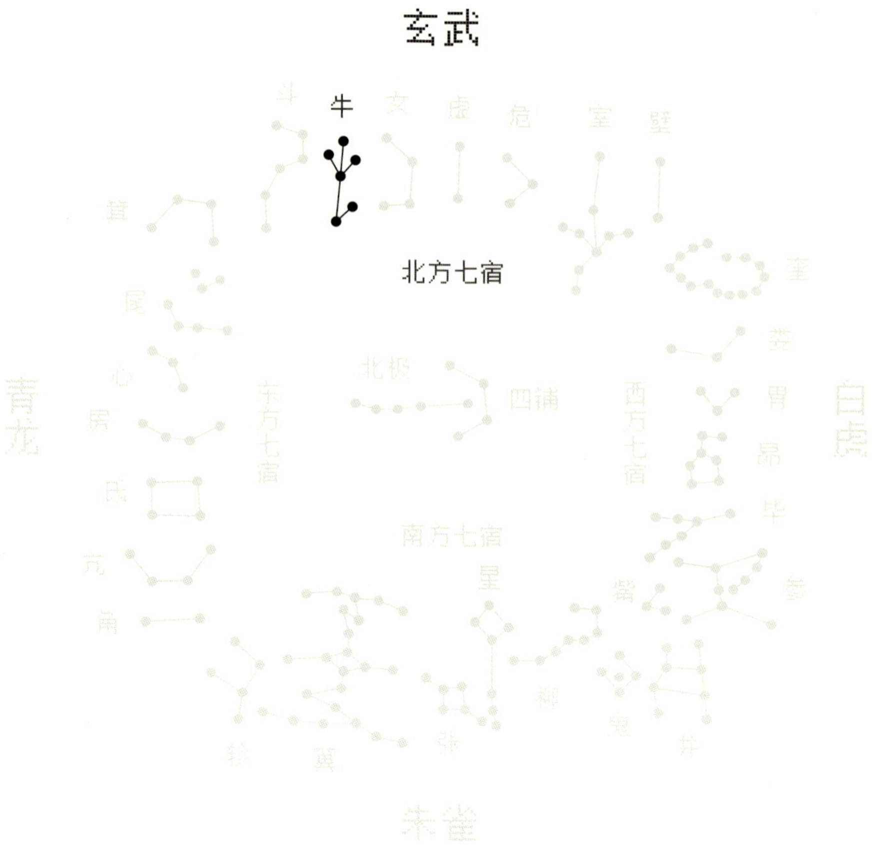

牛金牛

北方玄武七宿之

Niu Jin Niu

属金，为牛，是北方玄武七宿中第二宿。由六颗星组成，为玄武的蛇身，属摩羯座。因状如牛角而得名，牛，古称牵牛。一说牛宿和女宿的名字源于牛郎和织女二星。

像高160cm，座高20cm。

牛金牛，殿内南起第十一尊造像，为一女子形象，她头戴花冠，柳眉微挑，鼻梁挺拔，表情沉静祯娴，温柔如水；身着交领窄袖衫，外披长袍，领口及衣缘饰有花卉纹和凤纹图案；左手持笏板，右手优雅地落下，似要抚摸依偎在身边的牛，牛引颈向上，神态满足，星君与动物之间相互呼应。

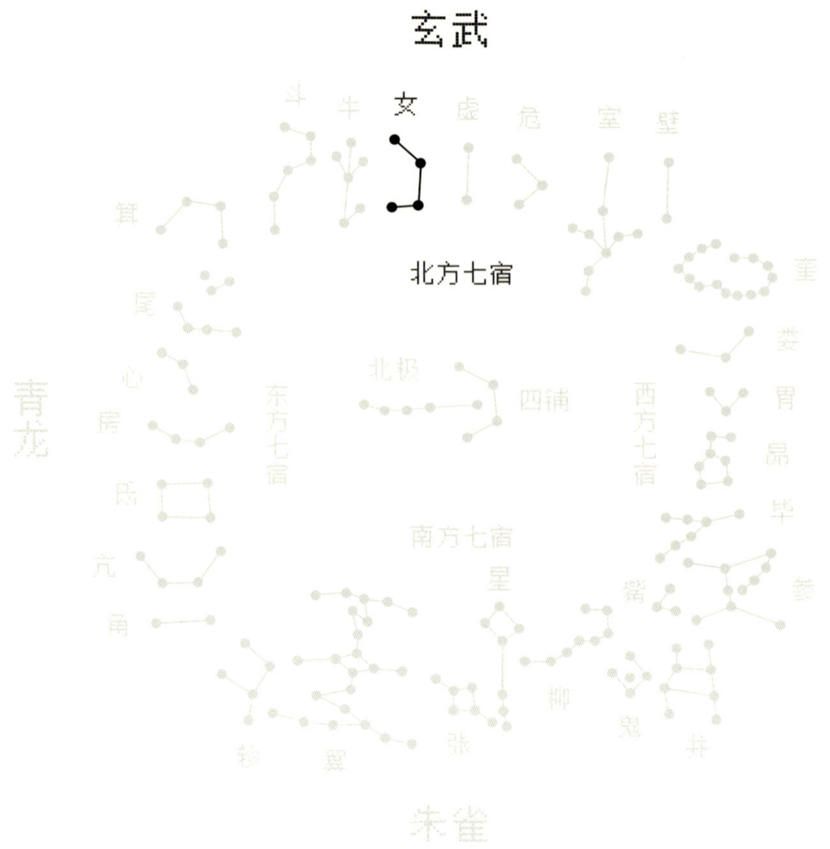

女土蝠

北方玄武七宿之

Nv Tu Fu

属土，为蝠（蝙），是北方玄武七宿中第三宿。由四颗星组成，属宝瓶座。其星群组合形似箕，亦似『女』字，故得名，古称婺女或须女。《礼记·月令》云：『孟夏之月……旦婺女中。』指如果黎明时看到女宿出现在南方中天，初夏就要来临了。

像高165cm，座高13cm。

女土蝠，殿内南起第二十尊造像，为一位慈眉善目的老者形象，须发皆白，头戴束髻小冠，眼睛笑起来如同弯月，嘴巴大张，苹果肌因大笑微微凸起，山羊胡分两捋飘然胸前，两侧脸颊各一缕络腮胡；身着白色长袍，外披肩巾，腰束大带，领口及衣缘饰有龙纹和花卉纹；左手持一朵如意形祥云，云上落一只蝙蝠，头微左转，看向蝙蝠，眉眼含笑，一脸的睿智和幽默。

虚日鼠

北方玄武七宿之

Xu Ri Shu

为日，为鼠，是北方玄武七宿中第四宿。由两颗星组成，属宝瓶座。从牛宿二向女宿一作假想的连线，并延长约一倍半，所碰到的一颗三等星便是虚宿一。当半夜子时虚宿居于南中天时，正是冬至的节令。冬至一阳初生，新的一年即将开始，给人以美好的期待和希望，故虚宿多吉。

像高156cm，座高7cm。

虚日鼠，殿内南起第十尊造像，为一名温柔的少女，头发一丝不苟地披于脑后，垂于双肩，肌肤丰满柔丽，眼神灵动，鼻梁挺拔纤细，五官紧凑，小巧精致，塑造者在表现人物时把老鼠的神韵注入其中，却能表现出女性的温和娴静；身着交领窄袖衫，外披绿色长袍，绣花罗裙，蔽膝上饰有龟背纹图案，领口及衣缘饰有云鹤纹和龙纹；她右手隐于袖中，把一只鼠托于胸前，左手似在轻轻安抚幼鼠，显得温良持重又童心未泯。

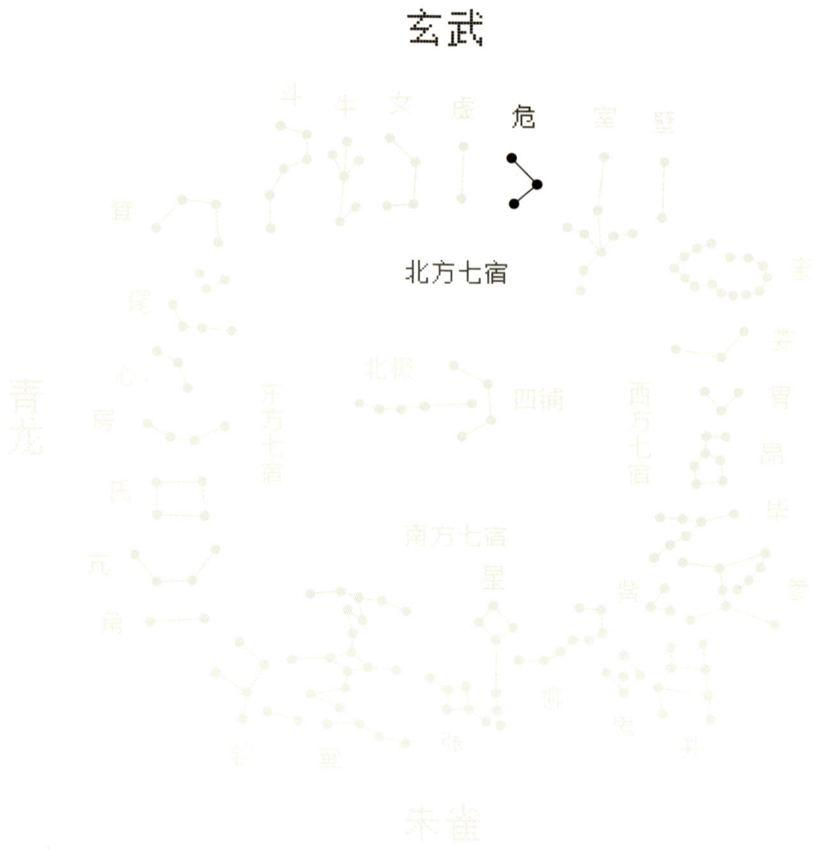

危月燕

北方玄武七宿之

Wei Yue Yan

为月，为燕，是北方玄武七宿中第五宿。由三颗星组成，居龟蛇尾部。《史记·天官书》云：『危为盖屋』，『危』意为屋栋之上，《晋书·天文志》中『危三星，主天府市架屋』，可理解为三颗星呈三角形分布，如同一个尖屋顶。深秋入夜，仰望南天，在女宿与虚宿的东北方有三角形星群，就是危宿。『危』有高的含义，高而有险，故危宿多凶。

像高155cm，座高10cm。

危月燕，殿内南起第二十一尊造像，是一位年轻的智者形象，他仪表堂堂，头戴东坡巾，面若朗月，目似清辉，沉静中若有所思；身着交领窄袖衫，蔽膝上饰有龟背纹图案，外袍半披，系如意结，风流倜傥，衣边袖口用沥粉贴金刻画行龙图案和植物纹样，栩栩如生，工艺考究；左腿自然下垂，右腿随意盘起，左手轻抚台基，右臂向上托起一个代表月亮的圆盘，与房日兔手中的圆盘类似，圆盘中有一只浮雕的燕子。

室火猪

北方玄武七宿之

Shi Huo Zhu

属火，为猪，是北方玄武七宿中第六宿。『室』和『壁』是相连的两宿，都属飞马座。由四颗星组成类似四方形的『宫室』，东壁、西壁各两星，后来东壁从营室分出，称『壁』宿，西侧的两颗是西壁，称『室』宿。室宿出现在深秋时节的南方中天，正是农闲时节，又因室为居住之所，人之所需，故室宿多吉。

像高169cm，座高27cm。

室火猪，殿内南起第九尊造像，是一位中年壮汉的形象，火炬形的赤发向上冲起，面部棱角分明，二目圆睁，鼻直口方，张嘴似吼，面容凶恶；他坦胸赤膊，左腿盘起，右腿下垂；绿色的披帛随势舞动，与红色的头发形成鲜明对比，用以表明身份的猪皮缠绕腰间，右手掣一柄短刀瞪着房梁之上的猪，猪的尾巴和蹄子横飘，仿佛翱翔云际。这是唯一一尊动物不在人物身边的星君形象，却因和动物的互动而别具风味。

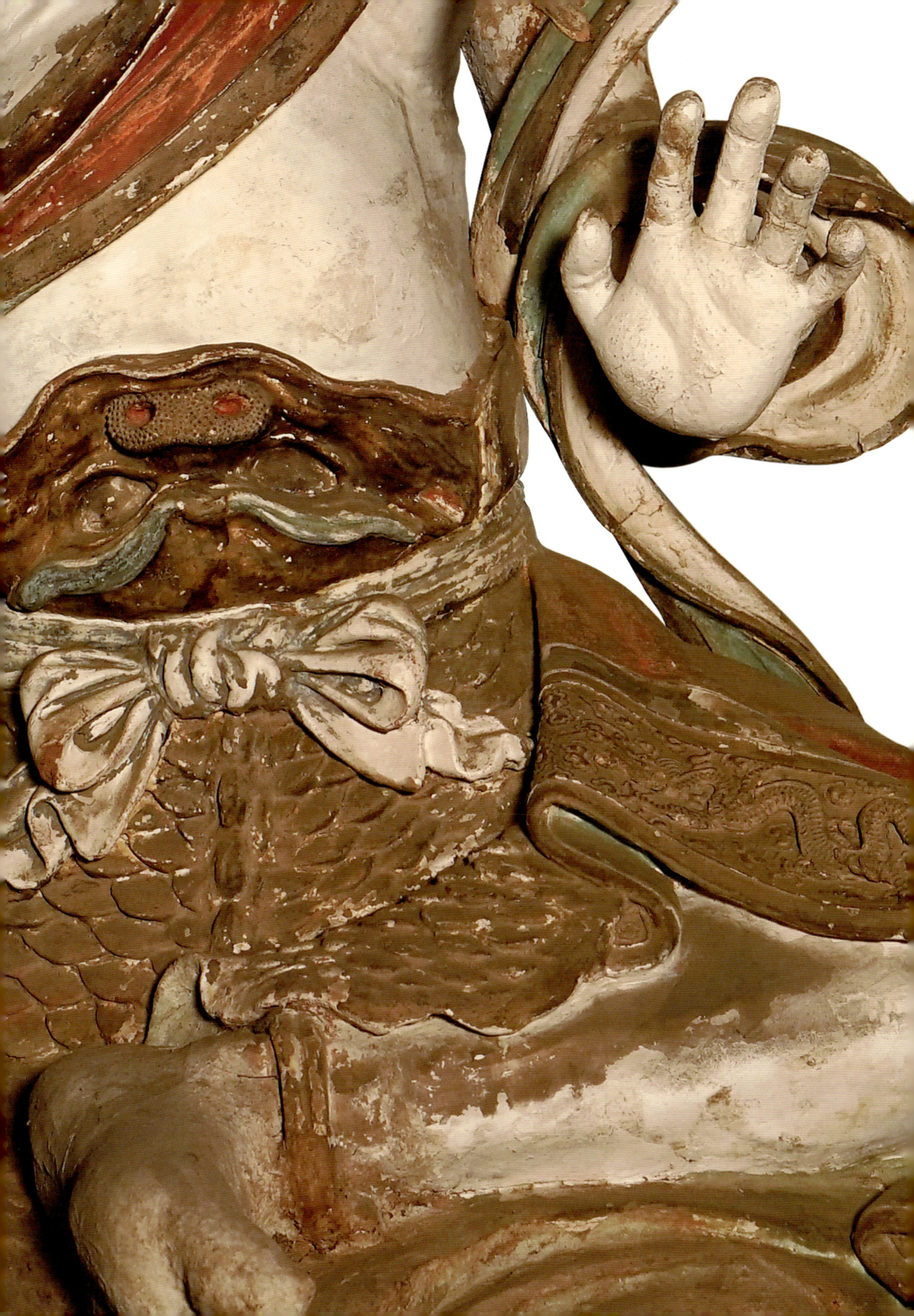

壁水貐

北方玄武七宿之

Bi Shui Xu

属水，为貐，是北方玄武七宿中最后一宿。由二颗星组成，位于室宿之外，形如室宿的围墙，故此而得名『壁』。从壁宿二向壁宿一连线并延长约一倍，就可找到春分点的大概位置。墙壁，乃家园之屏障，故壁宿多吉。

像高157cm，座高16cm。

壁水貐，殿内南起第二十二尊造像，为一位青年女性形象，脸似鸭蛋，俊眼秀眉，五官隽秀，微微含笑；胸前饰璎珞，腕上戴金钏，身着交领窄袖衫，外披长袍，腰系缚裙作为装饰，系如意结，蔽膝上饰有龟背纹的图案，领口及衣缘饰有狮子戏绣球图案，图形工整富丽。她端坐于台基之上，右手轻抚一只昂首贴耳的貐，人物形象和动物的形态相互照应，形象生动，富于优雅恬静之美。

白瓷

西方七宿

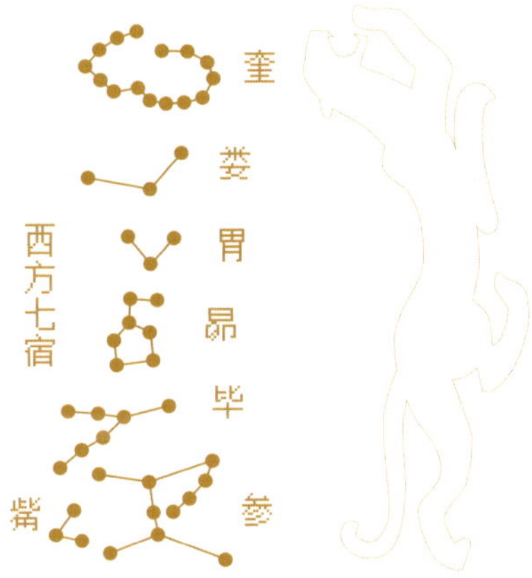

白虎，原为古老神话中的西方之神，从先秦时代开始成为代表少昊与西方七宿的神兽，汉代五行学说兴起，它的象征含义又多了庚辛与秋季。

奎、娄、胃、昴、毕、觜、参，包括五十四个星座，七百余颗星，组成了白虎图案。深秋初冬出现于西部的天空，西方在五行中属金，色是白，故称西方白虎七宿。后来道教神话体系将四象吸收并神格化，白虎因此也被称为监兵神君。道教宫观常将青龙、白虎作为守卫山门的神将。

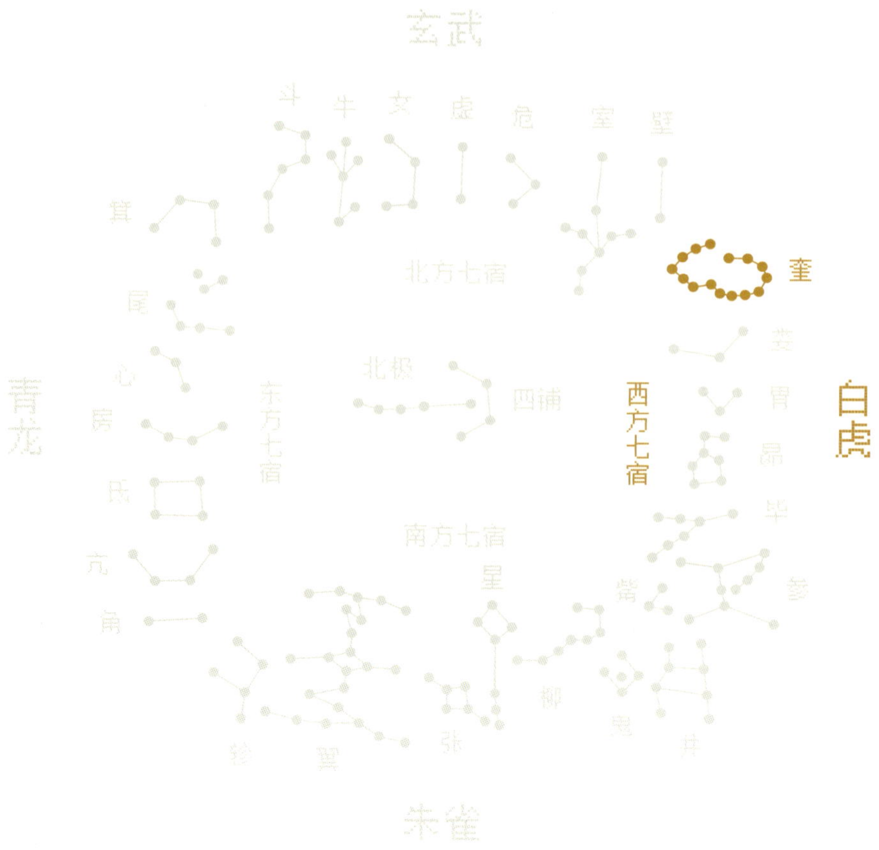

奎木狼

西方白虎七宿之

Kui Mu Lang

属木，为狼，是西方白虎七宿中第一宿。由十六颗不大亮的星组成，一至九颗属仙女座，十至十六颗属于双鱼座。可理解为白虎之神的嘴，《步天歌》中把奎宿描述成『腰细头尖似破鞋，一十六星绕鞋生』，指奎宿形状如两头大中间狭小的鞋底。

像高162cm，座高31cm。

奎木狼，殿内南起第八尊造像，打扮作青年文官模样，头戴梁冠，颌下系带，眼角微挑，面如冠玉，鼻如玉葱；身着交领窄袖衫，外披长袍，领口及衣缘饰有花卉纹和狮子戏绣球图案；垂足而坐，双手持笏板，自然地垂落于腹前，外表文静儒雅，表情温和，动作舒展自在，宛若一位具有书生气质的青年才俊，平易近人，富于亲和力。一旁蹲坐的狼温顺乖巧，眺望远方。

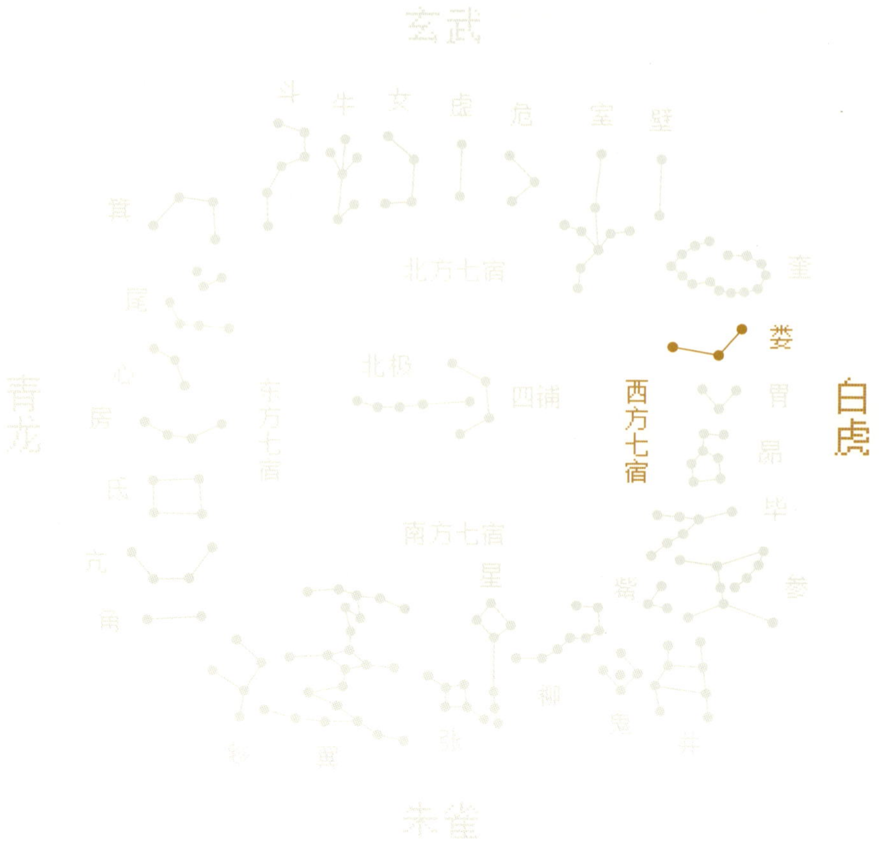

娄金狗

西方白虎七宿之

Lou Jin Gou

属金，为狗，是西方白虎七宿中第二宿。娄宿三星，属白羊座，附近有左更、右更、天仓、天大将军等星座。《史记·天官书》曰『娄为聚众』。古代典籍把娄宿视为主管牧养牺牲或兴兵聚众的地方，故娄宿多吉。

像高160cm，座高16cm。

娄金狗，殿内南起第二十三尊造像，是一位年轻女性，发髻高挽，头戴花冠，眉眼弯弯，樱桃小嘴笑意微显，面如满月，泛着清静闲雅的淡淡光泽；衣着考究，身穿绣袍，肩部饰有云肩，袖缘处饰有行龙图案，用于装饰的璎珞及胸花、袖口的羽状装饰造型优美、线条流畅；她左手随意挽着右边的衣袖，神态自若，悠然自得，身后一条白色的狗探头回首眺望星君。

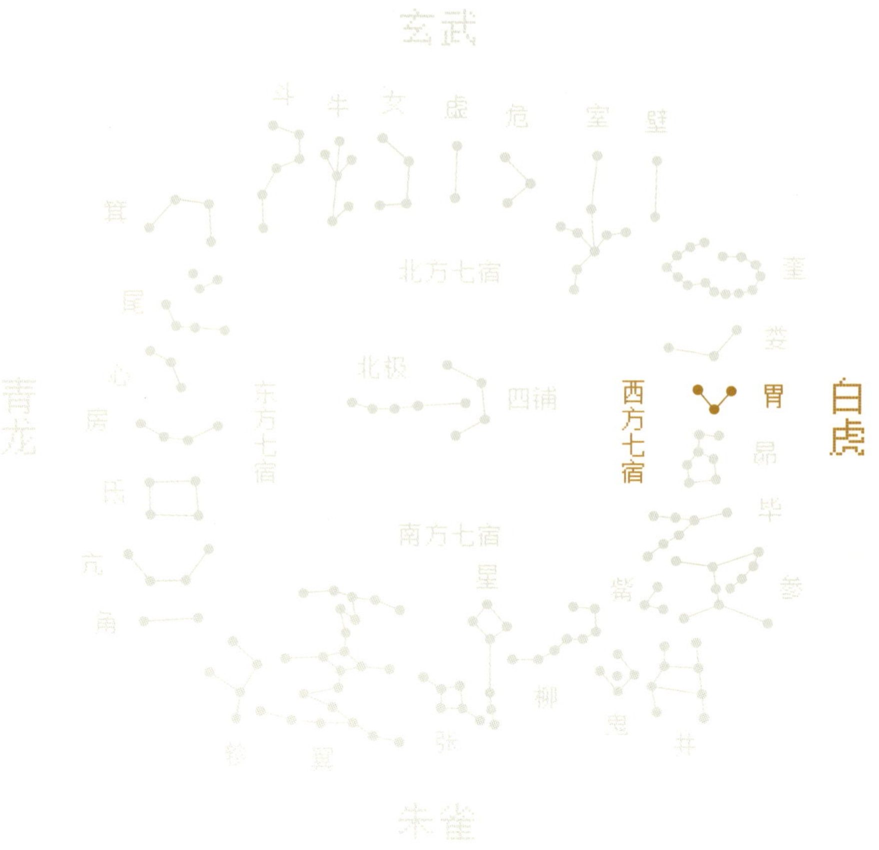

胃土雉

西方白虎七宿之

Wei Tu Zhi

属土，为雉，是西方白虎七宿中第三宿。胃宿三星紧靠在一起，属白羊座，附近有天廪、天船、积尸、积水等星座。《史记·天官书》曰『胃为天仓』。可理解为胃宿如同天的仓库，又有『胃主仓廪』一说，应是动物之胃的推衍，可作虎胃理解。因仓库用于屯积粮食，故胃宿多吉。

像高158cm，座高21cm。

胃土雉，殿内南起第七尊造像，为一老年长者形象，他头戴风帽，身着交领窄袖衫，外披长袍，饰红色蔽膝，领口及衣缘饰有花卉纹和狮子戏绣球图案；他面容清瘦，脸上沟壑明显，脸颊微陷，一双深陷在眼窝里的眼睛略显惊讶，嘴巴微张；他身体后倾，脖颈僵硬，右腿盘起，左腿着地，彷佛刚刚受到某种惊吓，紧张地用右手护住卧在腿上的雉鸟。

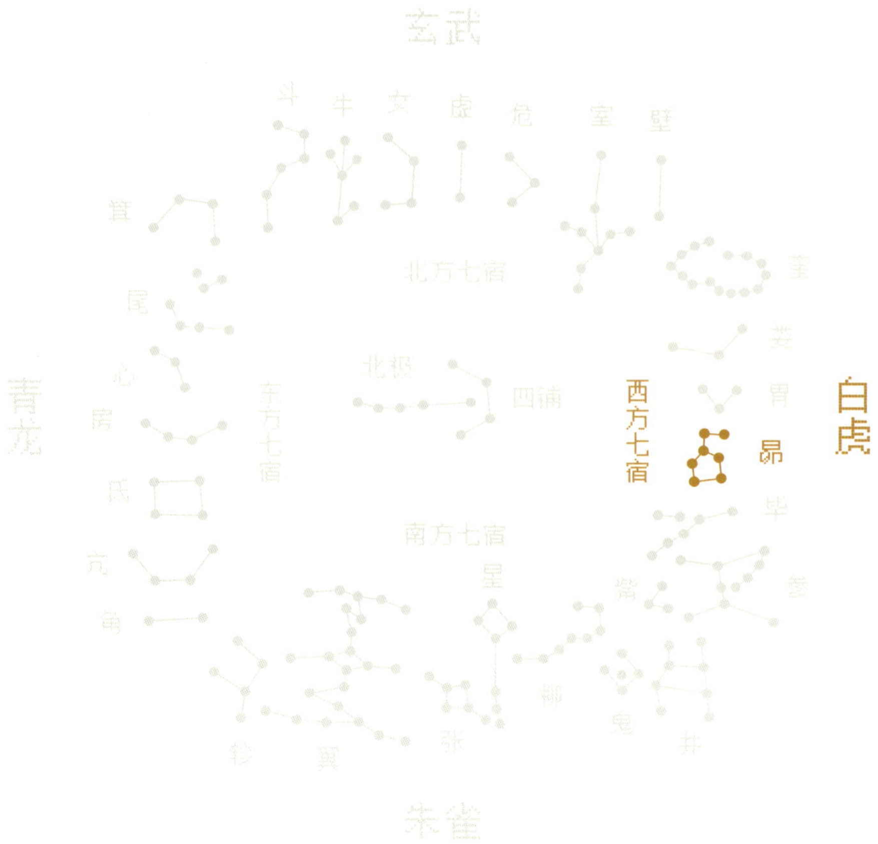

昴日鸡

西方白虎七宿之

Mao Ri Ji

为日，为鸡，是西方白虎七宿中第四宿。由七颗星组成，属金牛座。居白虎七宿的中央，由一团小星星组成，『昴』又称为留，留有簇聚、团属之意。古人用昴宿来定四时，《尚书·尧典》云『日短星昴，以正仲冬』，指如果日落时看到昴宿在中天，就是冬至到了。

像高160cm，座高14cm。

昴日鸡，殿内南起第二十四尊造像，为一男子形象，头戴高冠，细眉高挑，目若朗月，鼻梁直挺，双唇微启，唇红齿白；身着交领窄袖衫，腰系缚裙作为装饰，领口及衣缘饰有花卉纹；他双腿分开，肃然危坐，右手于袖中托起一圆盘，上浮雕一只鸡，左手优雅的置于胸前，似正在侃侃而谈。

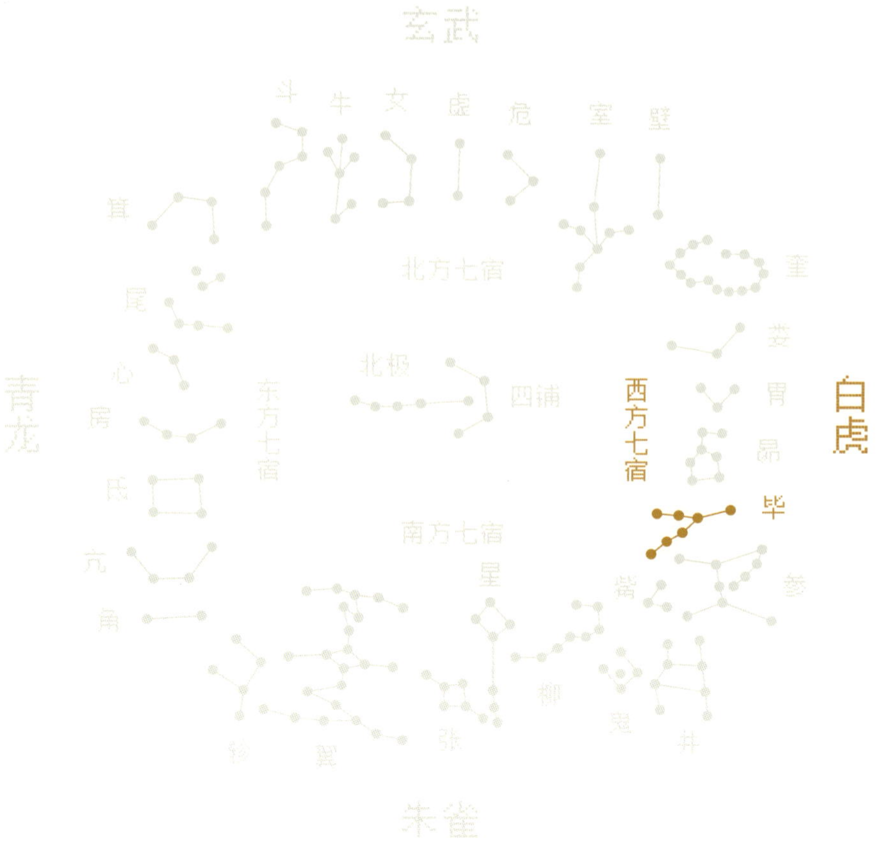

毕月乌

西方白虎七宿之

Bi Yue Wu

像高161cm，座高19cm。

毕月乌，殿内南起第六尊造像，为一老者形象，头戴束髻小冠，冠带自面颊两侧系于颌下，高额粗眉，宽鼻阔嘴，山羊胡分两绺飘然胸前，两侧脸颊各一绺络腮胡；身着交领窄袖衫，腰系缚裙作为装饰，外披长袍，领口及衣缘饰有花卉纹图案，仙气飘飘，气度不凡；他坐于台基之上，左手高举，掌中立一黑色的乌，头轻轻抬起注视着手中的乌。

为月，为乌，是西方白虎七宿中第五宿。由八颗星组成，形状如「Y」，属金牛座。《仪礼》云：「宗人执毕先入」，注称：「毕状如乂」。《诗经·小雅》称：「有捄天毕」，朱熹注曰：「天毕，毕星也，状如掩兔之毕」，古代将网小而柄长者称为「毕」，是一种用来捕猎的工具。《诗经》称：「月离于毕，俾滂沱矣」，是指月亮经过毕宿时雨季来临。毕宿又被称为雨师。

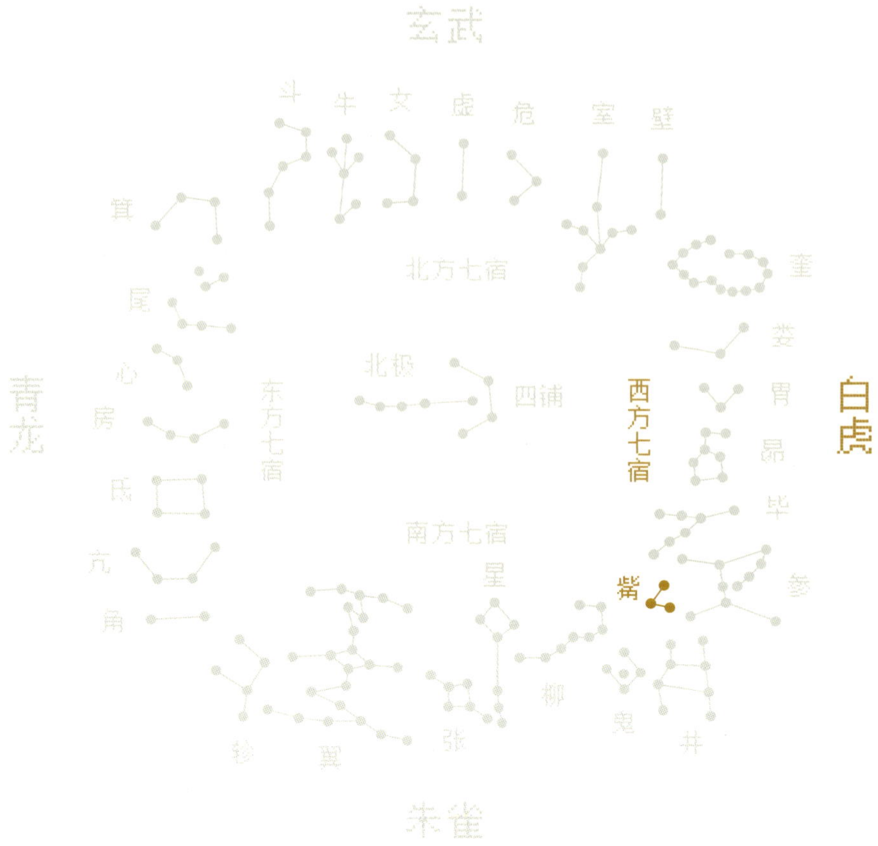

觜火猴

西方白虎七宿之

Zi Huo Hou

属火，为猴，是西方白虎七宿中第六宿。由三个小星宿组成，位于参宿两肩上方，《史记·天官书》曰：『小三星隅置，曰觜觿为白虎首』，即将其释为虎首。

像高164cm，座高19cm。

觜火猴，殿内南起第二十五尊造像，为一赳赳的武夫，白发赤脸，上身裸露，头发向前飘动，如同跳动的火焰，他不像其他星官那样凶神恶煞，却有点尖嘴猴腮，深木环眼，眉弓高耸，嘴部向前突出，具有某些猴子的神韵；他右手持一板斧状器物，左手握拳，胸前饰瓔珞，飘带在双臂间飞舞，右腿前伸，左腿盘曲，立于他左腿的猴子却塑造的如同孩童，天真可爱，两相对照，别具风味。

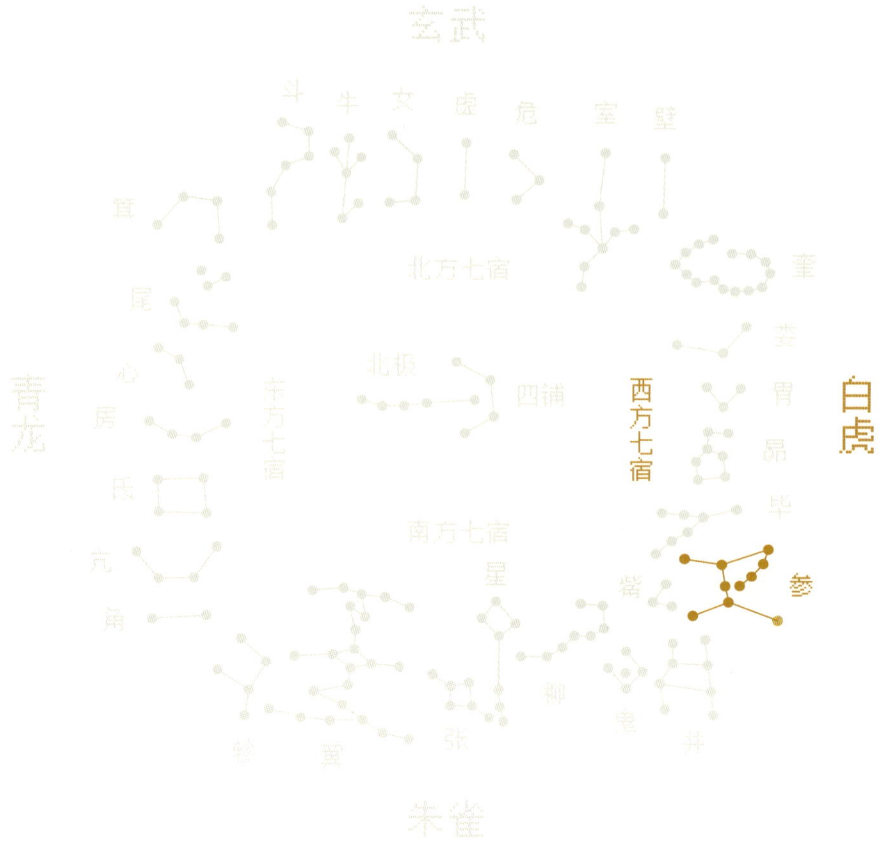

参水猿

西方白虎七宿之

Shen Shui Yuan

属水，为猿，是西方白虎七宿中最后一宿。居白虎之前胸，由七星组成，中间三星排成一排，两侧各有两颗星，从冬季到次年初夏均可见，属猎户座。《西步天歌》记载了观参星的歌谣：『参宿七星明烛宵，两肩两足三为腰』。《左传》记载：『昔高辛氏有二子，伯曰阏伯，季曰实沈，居于旷林，不相能也。日寻干戈，以相征讨。后帝不臧，迁阏伯于商丘，主辰，商人是因，故辰为商星。迁实沈于大夏，主参』。『辰』即心宿，参宿一和心宿二的赤经相差约180度，同一地方的人们不能在同一时间看到它们，因此在民间有『参商不相见』的说法，常用来比喻弟兄不和或者爱情不睦。此宿虽居七宿之末，但为要害部位，故参宿多吉。

像高162cm，座高20cm。

参水猿，殿内南起第五尊造像，为一名雍容华贵的贵族女性形象，面庞圆润饱满，眉清目秀，神情闲适，正抱膝扭头，挑眉向右眺望；她衣饰华美，胸前饰璎珞，腕上戴金钏，蔽膝的边缘饰有代表吉祥的龙纹、裙摆边饰有植物纹等装饰，用堆塑贴金与沥粉贴金手法塑造，简约生动；一旁的猿猴攀在她身上，缩着脑袋，竖起前爪，一副上窜下跳的模样，正扑闪着大眼睛顺着星君的目光张望，神态活灵活现。

朱雀原为古老神话中的南方之神，从先秦时代开始成为代表炎帝与南方七宿的神兽，汉代五行学说兴起，它的象征含义又多了丙丁与夏季。

井、鬼、柳、星、张、翼、轸，包括四十二个星座，五百多颗星，组成的形象似一只尾在东南头向西北飞翔的朱雀。夏天秋初出现于南部天空，南方在五行中属火，火属于赤，朱为赤色，故称南方朱雀七宿。后来道教神话体系将四象吸收并神格化，朱雀变化却较为神秘，常以一种神鸟的身份出现，即为后来的凤凰（陵光神），被道教奉为神灵而广泛信仰。

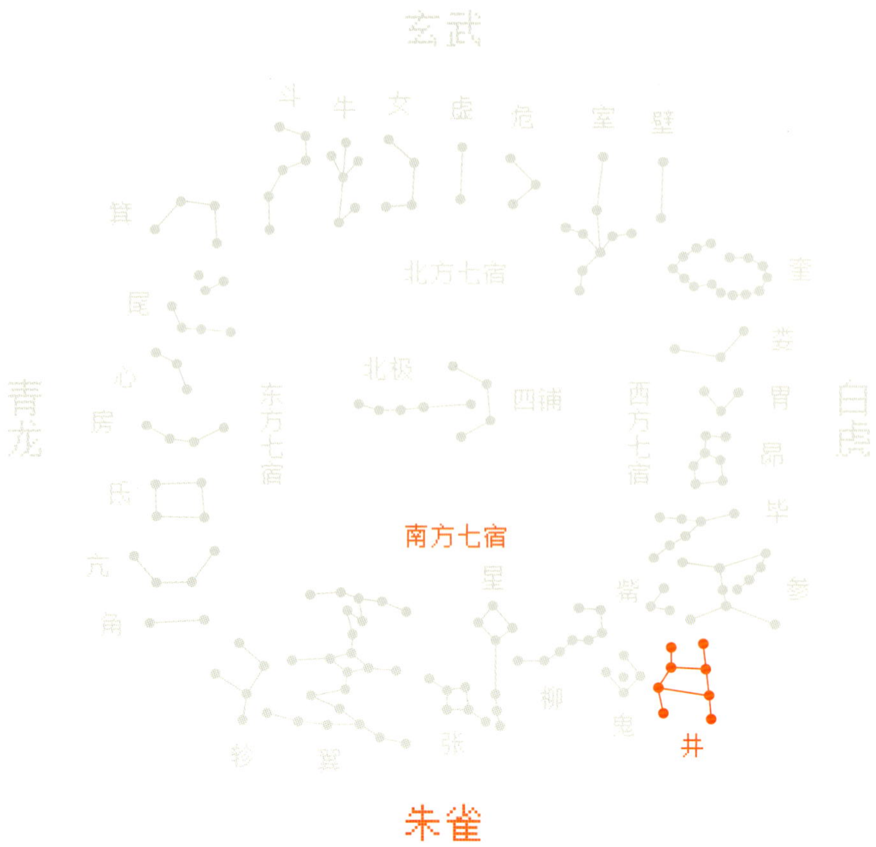

井木犴

南方朱雀七宿之

Jing Mu An

属木，为犴（即野狗），是南方朱雀七宿中第一宿。由八颗星组成，属于巨蟹座。《史记·天官书》：『南宫朱鸟权衡，东井为水事。』井宿八星的形状用假想的线连接起来如同一个『井』字，故名。井宿就像一张迎头之网，又如一片无底汪洋，故井宿多凶。

像高159cm，座高14cm。

井木犴，殿内南起第二十六尊造像，为一俊朗书生模样，头戴圆顶仙人帽，丰颐广额，眼角眉梢含着浅笑，嘴角轻挑，似笑非笑；身着交领窄袖衫，外披长袍，领口及衣缘饰有仙鹤和水波纹图案；他端坐于台基之上，右手置于膝，左手原持笏板已失，仪表堂堂。犴前蹄竖起，规矩而机警地蹲卧于一侧，随时准备伺机而动。

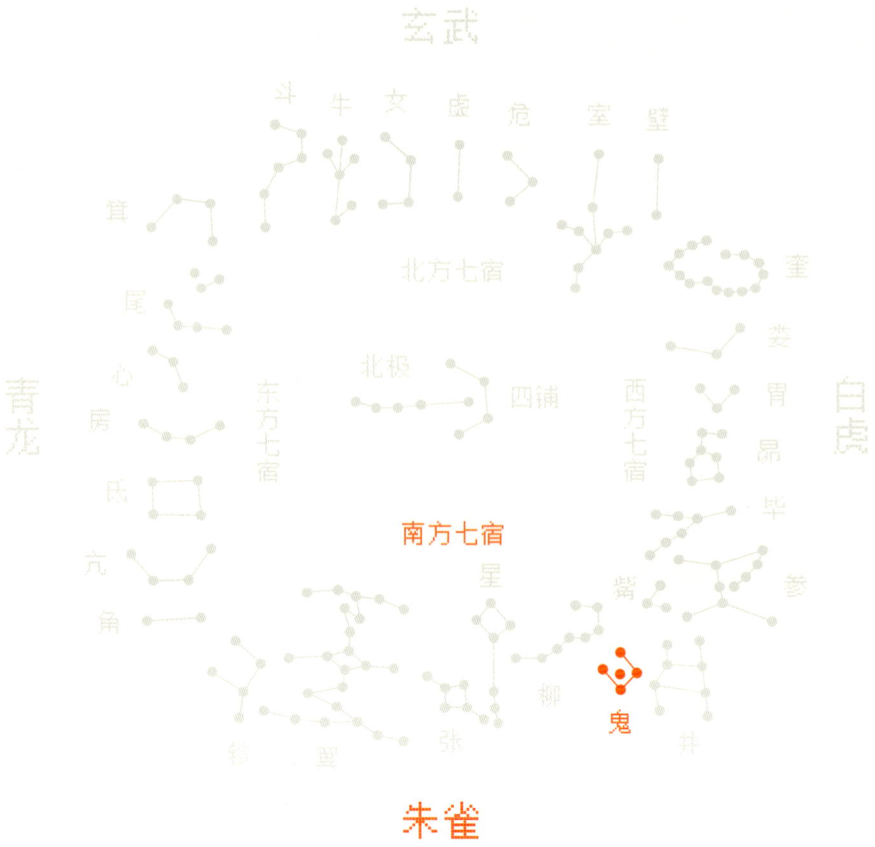

鬼金羊

南方朱雀七宿之

Gui Jin Yang

属金，为羊，是南方朱雀七宿中第二宿。由四颗星组成，属巨蟹座。鬼宿四星呈方形，位于朱雀头部的位置。有些星图上，鬼宿中间还有一颗星，为积尸气，《步天歌》言：『四星册方似木柜，中央白者积尸气』。《史记·天官书》正义曰『舆鬼四星，天目也』，《观象玩占》说：『鬼宿一曰天目，朱雀头眼』，鬼宿四星配以中间的积尸气，就像朱雀的头眼。

像高163cm，座高22cm。

鬼金羊，殿内南起第四尊造像，是一位慈善的中年妇女，头发盘起，簪饰双环，脸型圆润，五官精致；身着交领窄袖长衫，外罩红色披风，胸前饰璎珞，腕上饰金钏，蔽膝上饰有龟背纹的图案，领口及衣缘饰有花卉纹图案，繁复的衣纹和精致的纹饰，在丰润与轻灵间取得平衡；她左腿盘曲，右腿自然垂下，左臂后收且弯曲，左手向上托着一个婴儿。一只山羊从鬼金羊与旁边的参水猿之间走出，抬头望向主人，张口咩叫，富有生活情趣。

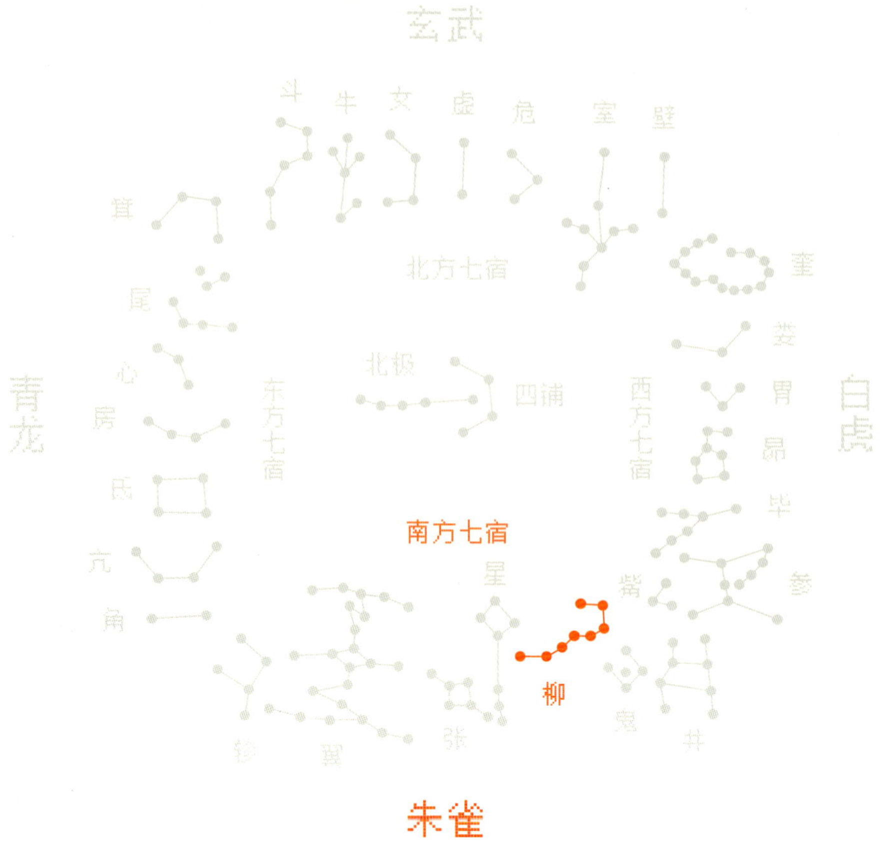

柳土獐

南方朱雀七宿之

Liu Tu Zhang

属土，为獐，是南方朱雀七宿中第三宿。由八颗星组成，属长蛇座。居朱雀之嘴，《步天歌》载：『柳八星，曲头重如柳』。『柳』形状弯曲，像鸟嘴，也像垂柳。原名为咮，鸟嘴的意思，嘴为进食之用，故柳宿多吉。

像高164cm，座高15cm。

柳土獐，殿内南起第二十七尊造像，为一武士形象，白发上扬，头戴方巾，眉头紧锁，两眼圆瞪，眼珠突出，赤脸上眉毛和胡须用类似獐毛的墨线勾勒；身披甲胄，外套红袍，下露绿衫，领口及衣缘饰有行龙和狮子戏绣球图案；左手握着小鬼，小鬼骨瘦如柴，面目狰狞，右拳紧握，似正要挥拳砸向小鬼，一副坚毅果敢之势。白色的獐正从右边走来，昂首观望这一激烈场面。

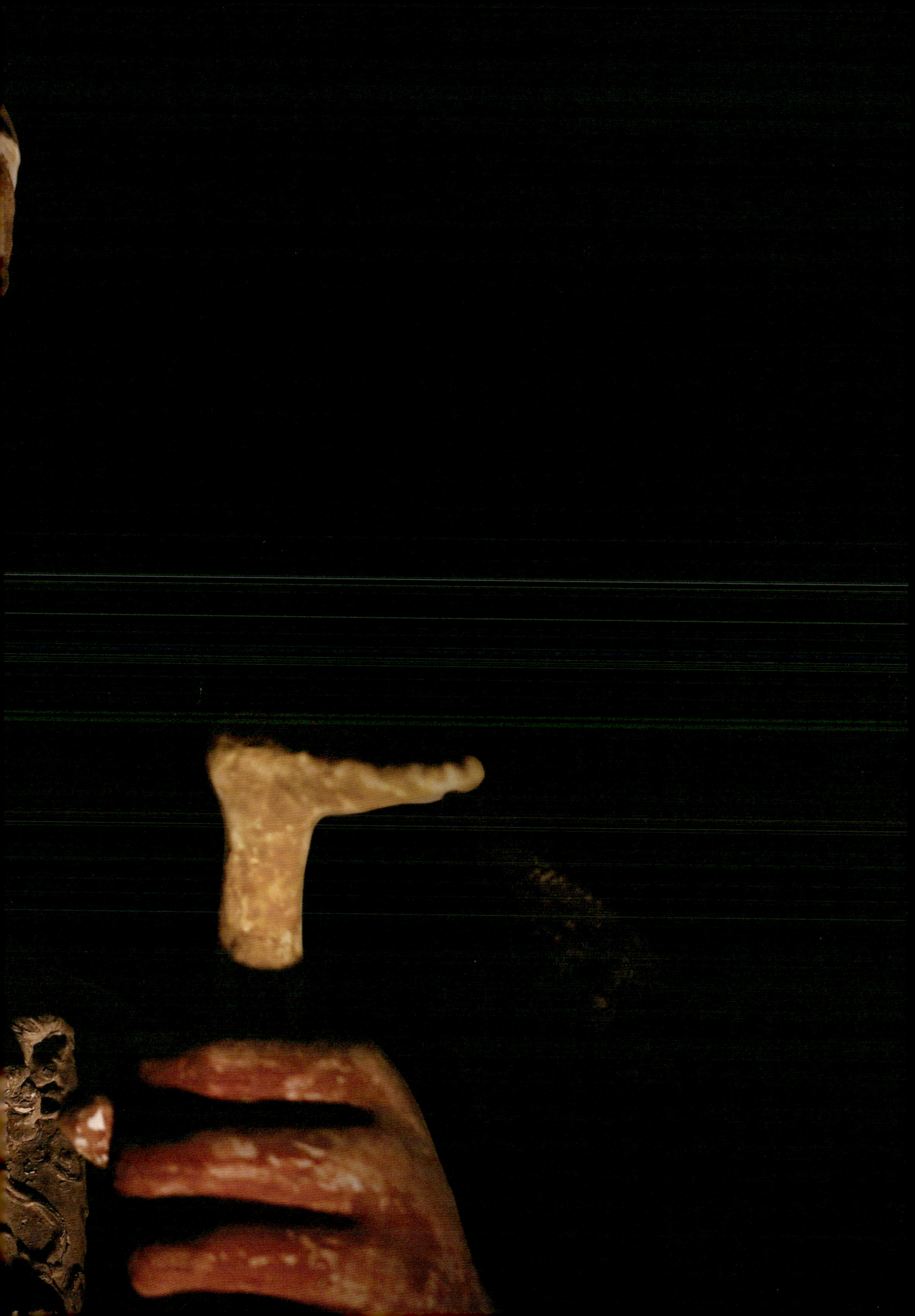

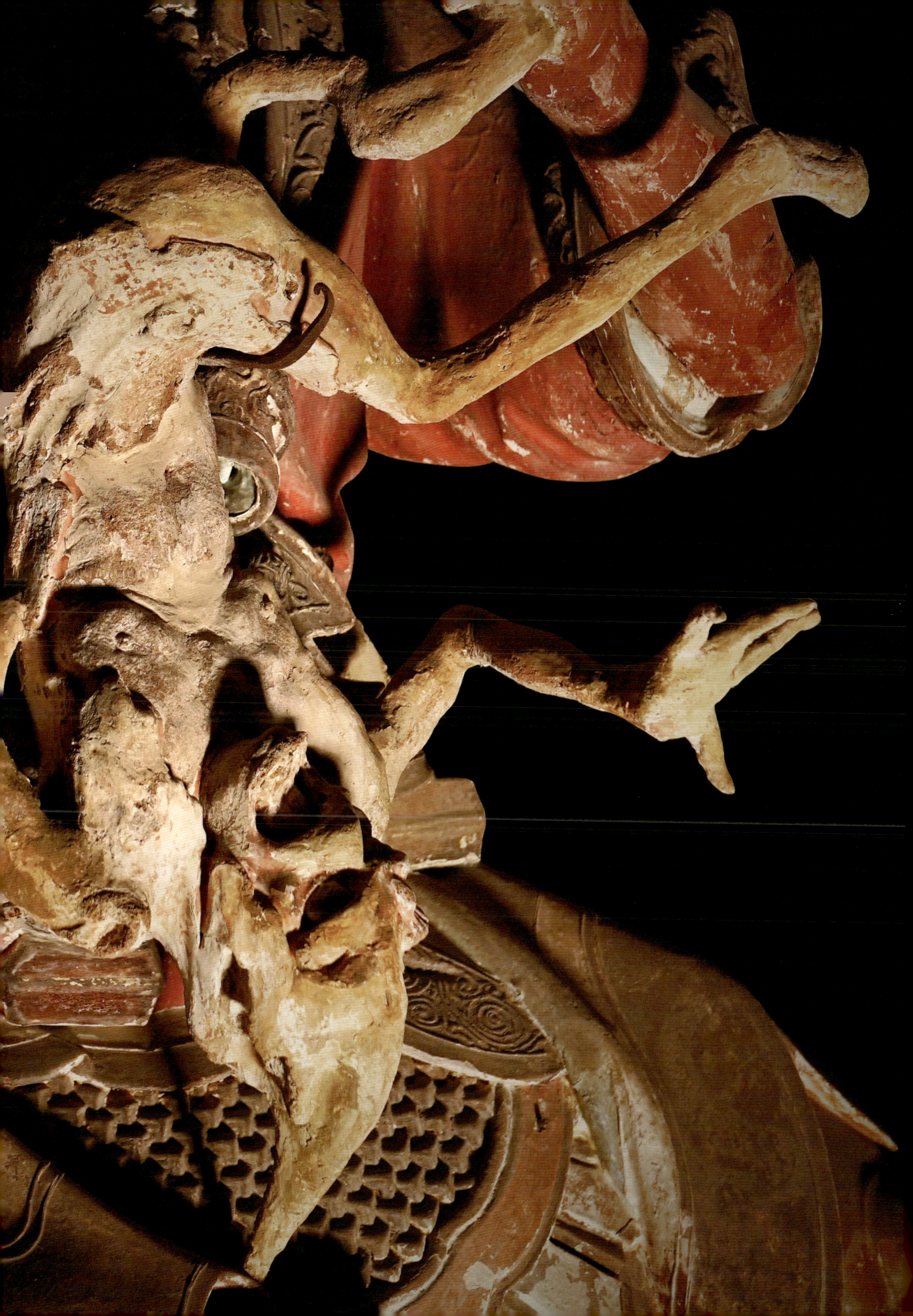

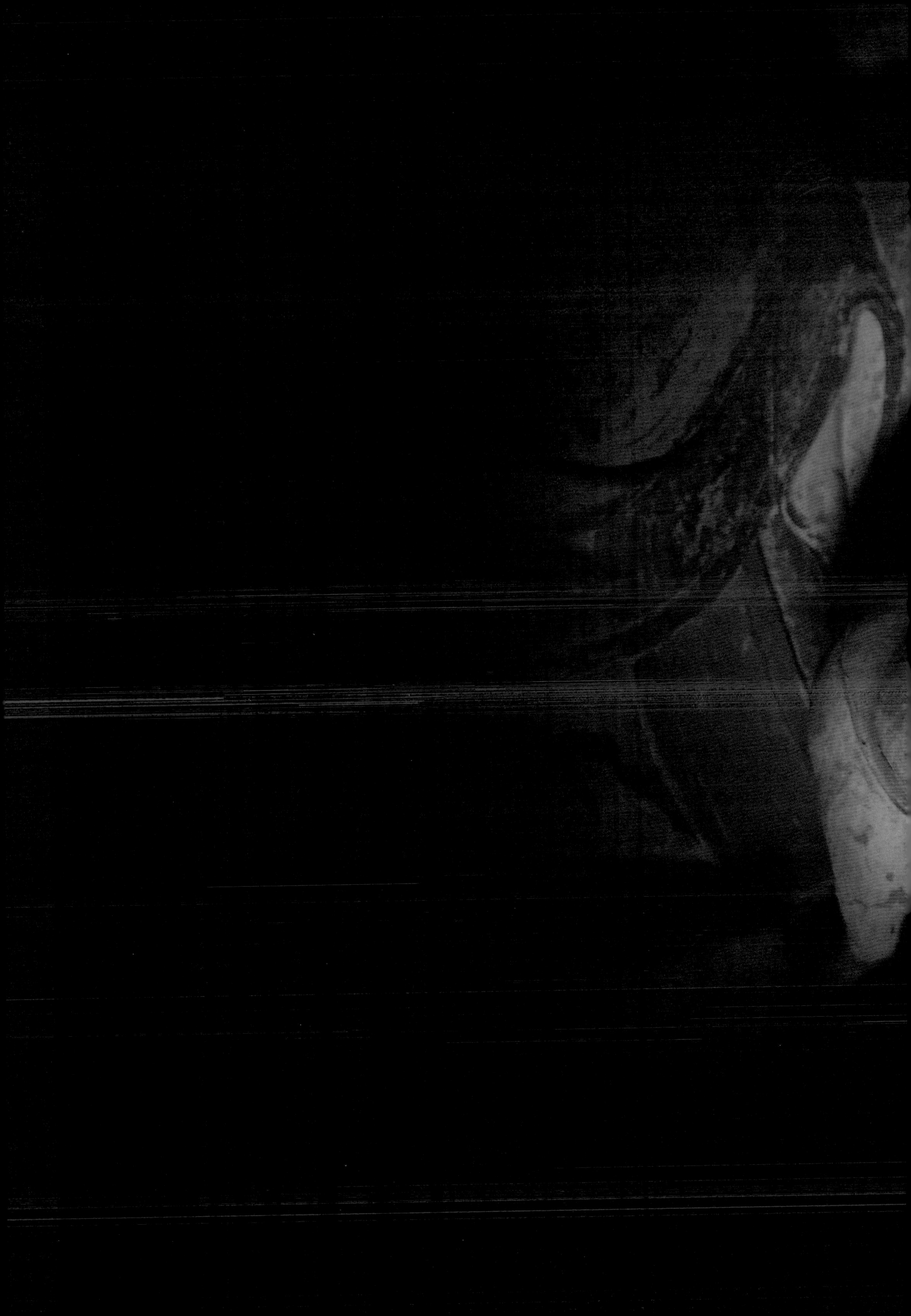

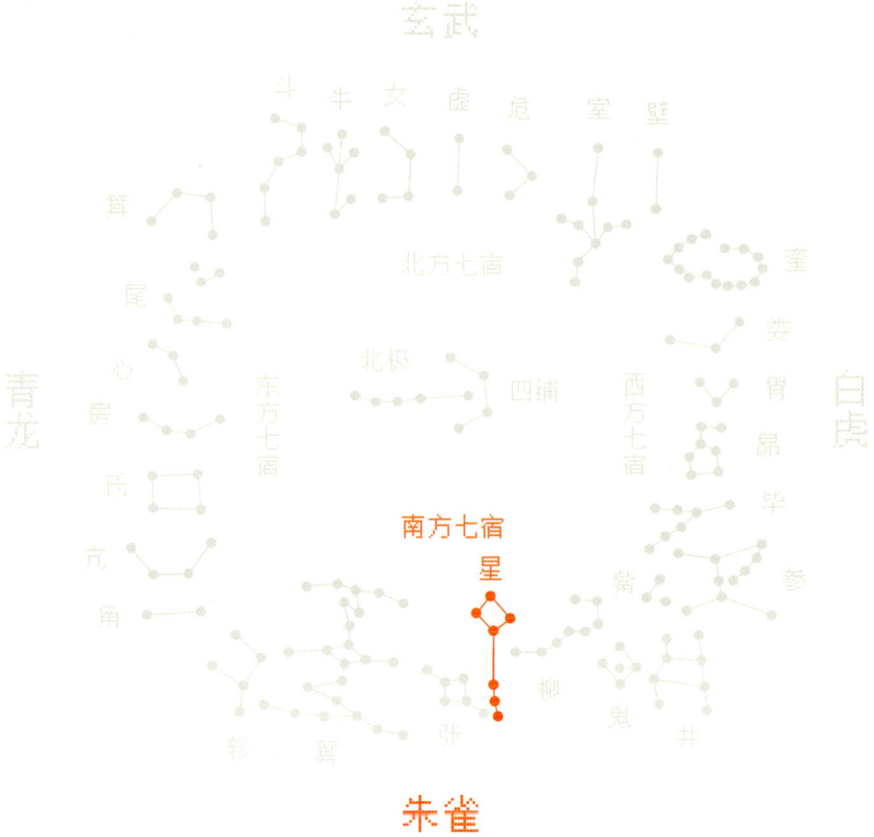

星日马

南方朱雀七宿之

Xing Ri Ma

像高155cm，座高14cm。

星日马，殿内南起第三尊造像，为一风度翩翩的男子，头戴东坡巾，眉眼细长，朗目疏眉；身着交领窄袖衫，外披绿色长袍，袖缘处饰有行龙图案；右手扬于胸前，姿态潇洒，落落大方，左手隐于袖中，托起一轮红日，红日中有一匹驾云奔腾的骏马，头微微右侧，淡然地看向前方，一派仙风道骨之气。

为日，为马，是南方朱雀七宿中第四宿。由七颗星组成，属长蛇座。是朱雀的脖颈和咽喉，《史记·天官书》曰『七星，颈，为天员官，主急事』。《步天歌》云『七星如钩柳下生，星上十七轩辕形』，指出了星宿的相对位置，这里的轩辕在西方被称为狮子座。《礼记·月令》称『孟春之月，旦七星中』，指的便是它。

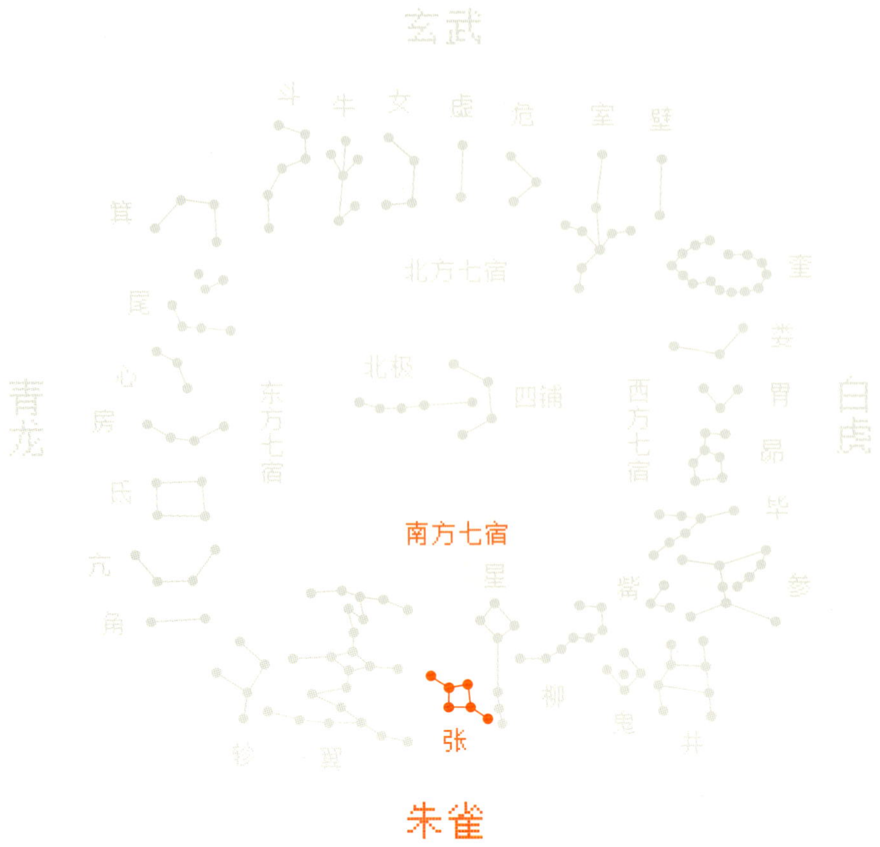

张月鹿

南方朱雀七宿之

Zhang Yue Lu

为月，为鹿，是南方朱雀七宿中第五宿。由六颗星组成，中间四星呈不规则四边形，其对角两星东西向，两角星外又各有一星，组成纺锤状。《尔雅》云『鸟张嗉』，注称『嗉者，受食之处』，即胃。也有种说法认为『张』位于朱雀身体与翅膀连接处。翅膀张开才能腾飞，民间常有『开张大吉』等说法，故张宿多吉。

像高161cm，座高14cm。

张月鹿，殿内南起第二十八尊造像，是一位中年文士形象，头戴束髻小冠，眉清目朗，高鼻薄唇，双唇微张，下巴蓄一绺小胡；身着交领窄袖衫，外披长袍，腰系缚裙作为装饰，领口及衣缘饰有花卉纹和龙纹图案；他紧邻北面窗户，望向窗外，左手原持笏板已失，右手托起一代表月亮的圆盘。窗台下小鹿侧首回望，与星君形成一种呼应关系。

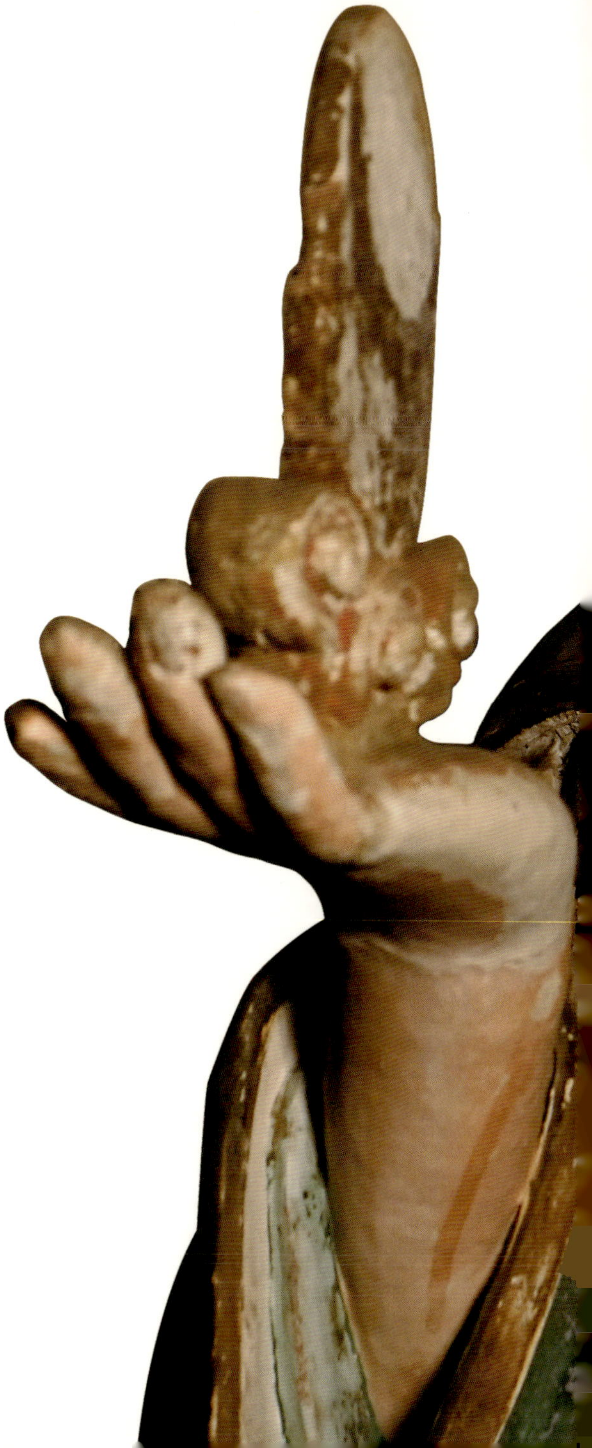

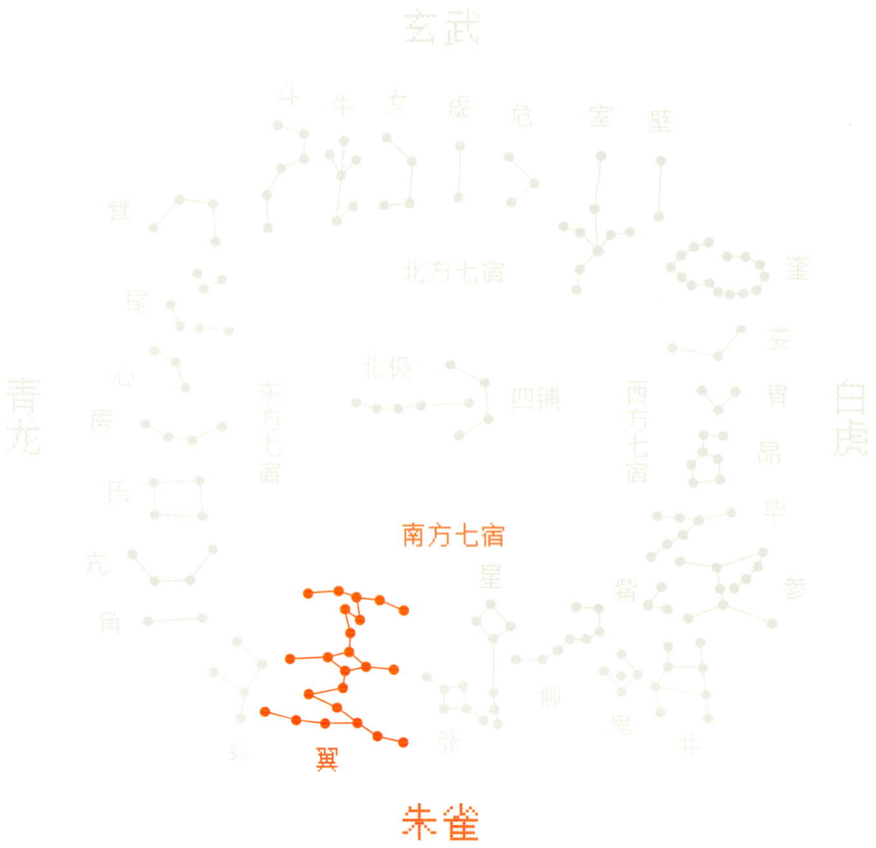

翼火蛇

南方朱雀七宿之

Yi Huo She

属火，为蛇，是南方朱雀七宿中第六宿。由二十二颗星组成，属长蛇座和巨蟹座。居朱雀翅膀的位置，形状就如张开的鸟翼，故而得名『翼』。鸟有了翅膀才能飞翔，故翼宿多吉。

像高164cm，座高20cm。

翼火蛇，殿内南起第二尊造像，是一身材魁梧的武士形象，他表情夸张，头发后扬，鼻方嘴阔，双目圆睁，作怒吼状，额间塑有第三只眼，仿佛眼镜蛇的眼睛，眉毛描绘成网格状的蛇皮纹，蛇的特征表露无遗；胸前饰璎珞，龙巾裹腹，腰间系裙，绿色的披帛绕肩下垂，随势飘动，动感十足；他袒胸跣足，左手举至头侧，右手高举起一条挣扎的蛇，整条蛇缠绕在身上，形态逼真。最具有震撼力的当属充满力量感的右腿，血管突出，腿肌用力，大拇指翘起，仿佛有千斤的力量注于一脚，蓄而不发，但一发惊人。

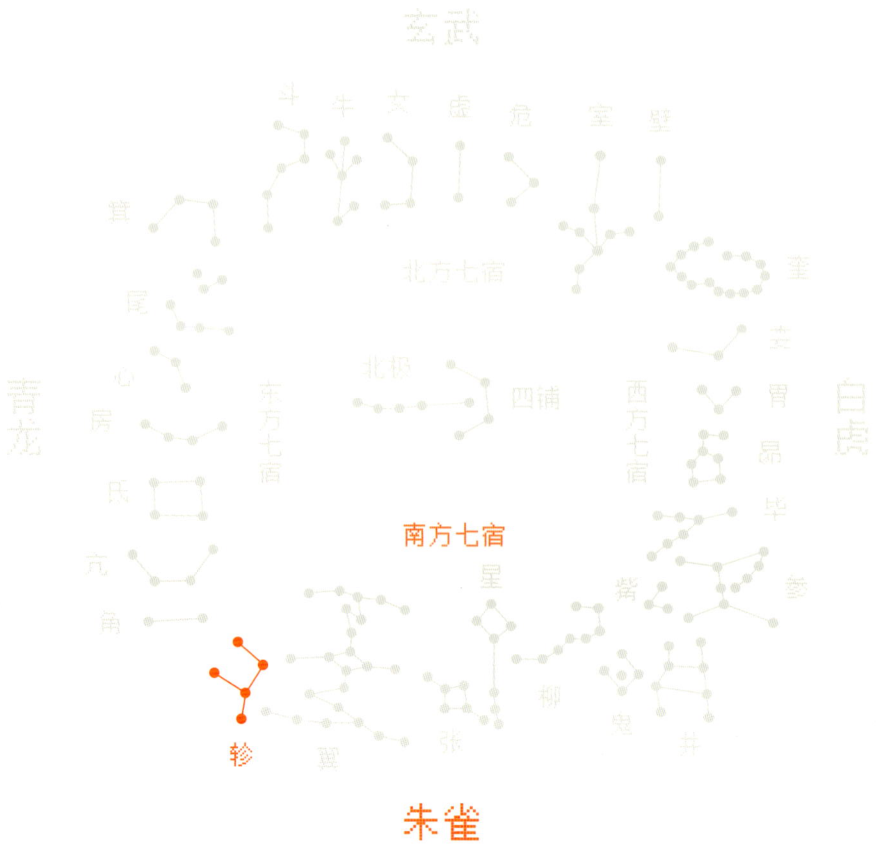

轸水蚓

南方朱雀七宿之

Zhen Shui Yin

属木，为蚓，是南方朱雀七宿中最后一宿。由四颗星组成，属乌鸦座。『轸』居朱雀之尾，《索隐》：『轸四星居中，又有二星为左右辖，车之象也。』古代称车箱底部后面的横木为『轸』，其部位与轸宿居朱雀之位相当，故此而得名。《史记·天官书》载：『轸为车。』『轸』在曾侯乙墓的漆箱上写作车。『轸』有悲痛之意，故轸宿多凶。

像高160cm，座高19cm。

轸水蚓，殿内南起第一尊造像，为中年贵妇打扮，头戴花冠，眉毛飞扬，眼神灵动，嘴角微翘，神情温婉娴静；身着交领窄袖衫，外披云肩，腕上饰金钏，腰系缚裙作为装饰，领口及衣缘饰有花卉纹和狮子戏绣球图案；左手优雅地置于胸前，右手翘起兰花指，轻盈地捏着一条细小的蚯蚓，向窗而望，眉宇间的疼爱怜惜之情溢于言表，在人和动物之间营造出一种和谐，表情传神，巧夺天工。

后记

Epilogue

十余年来，我四处走访游学，将一尊尊塑像定格在一张张影像中。每当静静品读，塑像身上呈现出来的那种意味深长的深思、关怀世间的神情，总是一点点滋养着我的心灵。

文化的传承是漫长历史中的心灵传递，塑像的一刀一抹、一笔一画，都揉进先人的心念，还有千百年来人们对未来、对生命、对人生最美好的愿景。人们从未停止对美好生活的追寻。希望借由镜头，通过我的视角，找寻古人的匠心，将他们的“美”艺术地呈现，搭建一个与古人对话的窗口。让观者可以有所品、有所思、有所悟，体味塑像身上传递的时光秘密。而那些在中华传统文化中蕴含生命动人光彩的事物，流经岁月变更，不受侵扰，不被遗失。

本书并未涉及对玉皇庙二十八星宿具体塑造年代的考证，主要是由于对玉皇庙的研究尚属初步，可考证信息还有待完善，因此不愿以个人殊见乱下判断。而星宿文化流传千年有余，版本不一，记载不同，要把这一博大精深的文化呈现给读者，绝非易事，书中内容难免有疏漏和不妥之处。还望各位学者、专家予以包容并批评指正。

此书的出版，要特别感谢三晋出版社及提议并帮助我出版此书的张婷女士；感谢恩师金申先生长期以来对我的悉心栽培和照顾、并欣然为此书题字；感谢王般般女士百忙之中撰写序言，为此书增色。

最后，还要感谢一直以来关注和支持“南山供秀”的各位老师及友人，是你们赋予了我无尽的力量。

南山禅

2021年10月

参考资料：

《古代天文历法讲座》　张闻玉 著
广西师范大学出版社　2008

《服饰中华》　黄能福 陈娟娟 黄钢 编著
清华大学出版社　2013

《中国服饰史》　黄能福 陈娟娟
上海人民出版社　2004

《斗转星移映神州——中国二十八宿》　陈久金 著
深圳海天出版社　2012

《唐风宋雨》　赵雪梅 著
商务印书馆　2011

图书在版编目（CIP）数据

独冠天下. 山西·晋城玉皇庙二十八星宿 / 侯楠山，徐向阳著.
--太原：三晋出版社，2021.12（2024.9重印）
ISBN 978-7-5457-2360-1

Ⅰ. ①独… Ⅱ. ①侯… ②徐… Ⅲ. ①道教—造像—晋城—图集
Ⅳ. ①K879.32

中国版本图书馆CIP数据核字(2021)第207878号

独冠天下：山西·晋城玉皇庙二十八星宿

DUGUANTIANXIA SHANXI JINCHENG YUHUANGMIAO ERSHIBAXINGXIU

著　　者：侯楠山　徐向阳
出　　品：南山供秀
支持单位：晋城市文物保护研究中心

顾　　问：金申
艺术顾问：王般若
策　　划：张建军　于晋红
责任编辑：张婷
责任印制：李佳音
内容整理：焦雪菁
摄影设计：南山禅
封面书法：黄锟

出 版 者：山西出版传媒集团
　　　　　三晋出版社
地　　址：太原市建设南路21号
电　　话：0351-4956036(总编室)
　　　　　0351-4922203(印制部)
网　　址：http://www.sjcbs.cn

经 销 者：新华书店
承 印 者：北京雅昌艺术印刷有限公司

开　　本：889mm × 1194mm　1/16
印　　张：10
字　　数：90千字
版　　次：2022年2月　第1版
印　　次：2024年9月　第3次印刷
书　　号：ISBN 978-7-5457-2360-1
定　　价：268.00元

问弗 NO.17